D0920021

Pierre Bourgault est né à East Angus dans les Cantons de l'Est le 23 janvier 1934. Il est verseau ascendant verseau. Après des études au Collège Jean-de-Brébeuf de Montréal, il a été successivement annonceur de radio et de télévision, régisseur à Radio-Canada, comédien et journaliste.

A partir de 1960, l'indépendance du Québec est devenue sa cause, et il s'y est donné sans compter. Comme président du Rassemblement pour l'indépendance nationale (RIN), et ensuite comme membre de l'exécutif du Parti Québécois, Pierre Bourgault a contribué plus que tout autre à formuler et rendre crédible le projet de l'indépendance. Pour beaucoup, il est le plus grand orateur qu'ait connu le Québec depuis Henri Bourassa. Depuis quelques années, il tient le rôle de conscience politique, tout en se consacrant à l'enseignement au Département de communications de l'Université du Québec à Montréal.

Même si très souvent l'homme politique a caché l'homme privé, on aurait tort de confondre l'un et l'autre. Ce livre dévoile des aspects jusqu'alors inconnus de la riche personnalité de Pierre Bourgault. C'est avec une lucidité peu commune et une sincérité parfois désarmante qu'il se révèle lors de ces entretiens avec Andrée LeBel.

*Journaliste et écrivain, Andrée LeBel est née à Trois-Pistoles, le 2 novembre 1948. Après avoir publié trois ouvrages sur la petite histoire du Québec, elle s'intéresse maintenant à ceux qui font aujourd'hui notre histoire.*

# Le plaisir
# de la
# liberté

(entretiens)

Andrée LeBel

# PIERRE BOURGAULT

# *Le plaisir de la liberté*

*(entretiens)*

Nouvelle Optique

Photocomposition : Atelier LHR
Photo : Denise Coutu
Couverture : Danielle Denis

ISBN 2-89017-050-0
Dépôt légal: 1er trimestre 1983
Bibliothèque nationale du Québec
Bibliothèque nationale du Canada

# AVANT-PROPOS

*Bourgault a joué un rôle très important dans l'histoire du Québec. Son principal apport est d'avoir sensibilisé les Québécois à leur identité.*

Robert Bourassa

*Bourgault a rendu vraisemblable l'idée de l'indépendance au Québec. C'est sans doute son plus grand mérite.*

Gérard Pelletier

Pierre Bourgault... Une agressivité à fleur de peau pour dissimuler une sensibilité à fleur d'âme. Telle est ma perception. Je ne prétends nullement à l'objectivité car ma vision de l'homme est fortement teintée d'affection.

Mes entretiens avec Pierre Bourgault ont eu lieu entre février et octobre 1982. A ceux qui aspirent à cerner entièrement l'homme à travers ce livre, j'adresse une mise en garde. Ces entretiens et témoignages ne rendent compte que de quelques facettes seulement de sa personnalité. Il faut comprendre que c'est Bourgault à un moment de sa vie. C'est en quelque sorte un gros plan assorti de quelques instantanés. L'an prochain, dans dix ans et tant qu'il vivra, il ajoutera des nuances à ce portrait qui ne saurait être définitif. Et c'est heureux ainsi.

J'ai rencontré Pierre Bourgault chez lui, dans la maison qu'il vient d'acquérir et qui représente la réalisation d'un grand rêve. Nous avons discuté dans le petit salon situé au deuxième étage, entre son coin de travail et l'immense baignoire éclairée par un puits de lumière (la sagesse n'a pas altéré son excentricité). Nous avons parlé pendant des heures et nous avons aussi beaucoup ri. Quelle générosité et quelle tendresse se dégagent de ce rire qui éclate! Il faut l'entendre rire pour le comprendre. Mieux encore, il faut rire avec lui pour le deviner.

Ces longues heures que nous avons partagées m'ont permis de découvrir un homme d'une grande complexité qui n'a d'égale que sa simplicité. C'est un être multidimensionnel qu'il faut découvrir dans toutes ses contradictions. Pour saisir sa personnalité, il faut le voir évoluer à travers les chemins difficiles du paradoxe.

Extrémiste, il a toutes les qualités et tous les défauts de ceux qui vivent aux frontières des limites. Comme tous les grands sensibles il vit à l'excès et d'excès. Le juste milieu n'a aucun attrait pour lui. Il ne fait pas de petites colères, il a la colère explosive. S'il boude, c'est une façon de dire qu'on a heurté sa sensibilité.

Idéaliste, il recherche constamment la perfection. C'est pourquoi on lui prête parfois des idées de grandeur. Réaliste, il sait aussi accepter l'imperfection.

Il est impulsif et intense, drôle, étonnant et fracassant. C'est un excentrique et un marginal, qui tient à le demeurer. Il ne connaît pas l'envie parce qu'il a trop de plaisir à être lui-même, à aller au bout de son originalité.

Si parfois, il vous apparaît vaniteux, ne le jugez pas trop rapidement. Quelques lignes plus loin vous découvrirez un aveu que seuls les êtres humbles peuvent faire.

Quand il parle de ses gloires, ne le taxez pas de mégalomane. Il sait que la gloire se rattache au dépassement de soi.

Egocentrique? Certainement, et plus que quiconque. Mais tellement présent aux besoins des autres, tellement réceptif à la sensibilité des êtres qu'il côtoie.

Et surtout, il sait rire de lui. Ses amis le disent et je peux en témoigner. Il ne faut surtout pas croire à la complaisance car, plus que tout autre, il est critique envers lui-même. Il est d'une lucidité peu commune.

Il est conscient de ce qu'il est, autant de ses défauts que de ses qualités. Il reconnaît, sans fausse modestie, son talent d'orateur et son pouvoir de convaincre. Pour les raisonnements cartésiens, il sait bien qu'il est le meilleur. Pour le reste, il avoue ses faiblesses avec la même sincérité qu'il parle de ses réussites.

Pierre Bourgault est conscient du mythe qui l'entoure. C'est pourquoi, depuis de nombreuses années, il s'acharne à le détruire. Il pratique consciemment l'autodestruction pour renaître plus sûrement de lui-même, pour se réaliser plus pleinement encore.

Sans jamais être élu, il a influencé l'histoire du Québec. Rarement a-t-on vu un homme de défaites conserver pendant plus de vingt ans une attitude victorieuse, une même passion de liberté. C'est peut-être qu'au fond de lui-même, il nourrit la conviction d'avoir gagné sa liberté. Liberté qu'il se fait un devoir et un plaisir d'user à son gré. Il est l'un des hommes les plus libres que le Québec ait connus sans doute à cause de sa pureté et de son honnêteté intransigeante, qui emprunte tous les sens de dignité, de droiture, d'intégrité et de moralité.

Bourgault a marqué la politique du Québec comme les grands comédiens laissent leur marque au théâtre. Pour plusieurs, il restera le principal symbole de l'indépendance. Il s'est donné entièrement à la politique parce qu'il avait soif de justice et qu'il croyait aussi profondément que passionnément à l'indépendance du Québec.

Bourgault a été très heureux et aussi très malheureux en politique. C'est une grande histoire d'amour qui, comme toutes les passions, recèle sa part de déchirements et d'extases. Bourgault et l'indépendance, c'est la passion d'un grand amour.

S'il attaque le Parti Québécois si férocement, c'est qu'il croit avoir été trompé. S'il attaque René Lévesque si régulièrement, c'est qu'il a été déçu. C'est l'agressivité des amours trahies.

Certains jours il a des fièvres d'amertume mais il tient quand même à se définir comme meurtri plus qu'amer.

Il se considère chanceux et privilégié d'avoir fait ce qu'il aimait et ce qu'il voulait. Il a accepté ce qu'il n'aimait pas comme partie de ce qu'il aimait. Même s'il a connu la misère, on ne l'a jamais entendu se plaindre.

S'il lui arrive parfois de considérer sa vie politique comme un échec, il a quand même conservé le goût de vivre et d'être heureux.

N'ayant pu conquérir le pouvoir politique, il est maintenant en quête de plaisir, plaisir à donner et à recevoir. «Nous avons le pouvoir de nos plaisirs» se plaît-il à répéter.

Je tiens à remercier Pierre de la confiance inconditionnelle qu'il m'a accordée et du temps qu'il m'a si généreusement consacré. Ses amis auront beau dire qu'il n'a pas de patience, je ne les croirai jamais. Et surtout, je lui suis reconnaissante de cette sincérité parfois si désarmante dont il a fait preuve en se racontant.

Bourgault est avant tout un homme du présent, et je ne doute pas que cette incursion dans le passé lui ait demandé des efforts considérables.

Je souhaite que vous trouviez autant de plaisir à la lecture de ce livre que j'en ai eu à m'entretenir avec lui.

Mon plus grand regret est de ne pouvoir transcrire son rire. J'espère seulement que vous le devinerez entre deux phrases, que vous l'entendrez à travers le bruissement des pages.

A.L.

Sincères remerciements à tous ceux et celles qui par leur collaboration et leur témoignage ont rendu ce livre possible:

Guy Boucher, comédien; Robert Bourassa, ex-premier ministre du Québec; Louis-René Champoux, étudiant; Marcel Chaput, fondateur et président du RIN (1961); Claude-Yves Charron, professeur au module de communication, UQAM; André d'Allemagne, fondateur et président du RIN (1960); Jean Décary, membre fondateur du RIN; Jean-Pierre Desaulniers, directeur du module de communication, UQAM; Andrée Ferretti, vice-présidente du RIN (1967); Guy Fiset, militant du RIN et du PQ; Louise Fiset, militante du RIN et du PQ; André Guérin, directeur du bureau de surveillance du cinéma; Jacques Godbout, écrivain et cinéaste; Louise Latraverse, comédienne; Marc Lavallée, ex-militant du RIN et du PQ et directeur du CLSC Pointe-aux-Trembles; Ian MacDonald, journaliste et commentateur; Yves Massicotte, comédien; Gérard Pelletier, ambassadeur du Canada aux Nations-Unies; James Quig, journaliste; Pierre Renaud, nombreuses fonctions à la direction du RIN et du PQ; Jean-Louis Robillard, architecte; Michel Roy, éditorialiste en chef, La Presse; René-Homier Roy, journaliste et commentateur; Tom Sloan, journaliste et commentateur.

# 1

## DU PLAISIR

---

*J'ai toujours vu Bourgault comme un grand romantique au sens philosophique.*

André Guérin

*Les gens ne font pas la différence entre l'homme politique et l'homme. C'est dramatique pour lui.*

René-Homier Roy

---

*Pierre Bourgault, qui êtes-vous?*

Je suis un homme libre. Je n'occupe aucune fonction d'autorité. Je n'ai jamais fait carrière. Ma plus grande gloire, à l'approche de la cinquantaine, c'est d'avoir préservé ma liberté.

Je n'ai pas toujours fait ce que je voulais, mais ce que j'ai voulu faire, je l'ai toujours fait. J'ai essayé d'aller au bout de moi-même. J'ai réussi à être ce que j'ai voulu être.

Je n'ai aucun pouvoir de décision. Le seul pouvoir que je détiens est celui de mon influence. J'ai du pouvoir parce que j'ai de la gueule. J'ai la liberté de dire tout ce que je pense, car je ne représente personne d'autre que moi. D'ailleurs, je ne me suis jamais retenu; j'ai toujours dit ce que je pensais.

J'ai une position privilégiée. J'ai toutes les tribunes que je veux. Pendant le référendum, il m'est arrivé d'être à la fois acteur et commentateur de ma propre action. J'ai fait des déclarations que j'ai commentées deux heures plus tard. Il y a seulement au Québec où c'est possible de faire ça.

Présentement, je suis heureux comme je ne l'ai jamais été. J'ai enfin trouvé la sérénité. Je viens aussi de réaliser un grand rêve: l'achat d'une maison. Quand on n'a jamais rien possédé, ça fait plaisir d'avoir une maison à soi.

En fait, la lassitude est le seul sentiment négatif qui m'habite. C'est peut-être juste l'âge qui fait son œuvre. Ce n'est pas une lassitude effrayante; c'est plutôt une lassitude sereine.

J'aime beaucoup enseigner à l'université. Et si je ne m'y sentais plus bien, je partirais. Ça ne me fait pas peur. Je recommencerais ma vie avec d'autres combats, d'autres objectifs. J'aimerais mieux être dans la rue et bien dans ma peau que malheureux à l'université. Je dis souvent à mes étudiants de s'arranger pour être capables de repartir à zéro à n'importe quel moment de leur vie. C'est à ce prix qu'on conserve sa liberté. C'est un plaisir que je me fais à moi-même de pouvoir recommencer. Je trouve ça gratifiant d'être encore refusé pour des emplois parce qu'on me juge dangereux. Ça me fait plaisir.

Finalement ce qui fait de moi Pierre Bourgault, c'est que j'ose.

*Oser est souvent synonyme de provoquer!*

Pendant longtemps j'ai fait de la provocation délibérée. C'était sans doute pour me libérer de moi-même. Ceux qui ont de la difficulté à s'assumer ont souvent la tentation de faire porter le poids de leur difficulté de vivre par les autres. Maintenant que je suis heureux, je ne cherche plus consciemment la provocation. Je n'essaie plus de choquer pour choquer. Je suis moins arrogant. Mais j'ose quand même.

La provocation c'était ma force et ma faiblesse. Ma force, parce que j'étais prêt à n'importe quoi; je fonçais et rien ne m'arrêtait. Ma faiblesse, parce que je risquais d'aller trop loin ou de faire de la provocation gratuitement, pour le seul plaisir de choquer.

A l'occasion on m'a aussi accusé de faire de la provocation alors que je n'étais que moi-même; je suis un marginal et je vais au bout de mes passions. C'est parfois menaçant pour les autres.

Par ailleurs, il y a des provocations saines et créatrices qui ont pour but de faire réagir les autres. Aujourd'hui, il m'arrive encore de provoquer consciemment dans le but de susciter une réaction positive. La provocation fait partie de mon personnage.

---

*Bourgault c'est un personnage. Déjà physiquement c'est un personnage. Son engagement serait autre qu'il serait encore un personnage.*

André Guérin

Je suis conscient d'être un personnage mais je n'ai jamais pu m'habituer à l'idée d'être un personnage. Dans ma vie de tous les jours, je ne me sens pas un personnage. Chaque fois qu'on me le rappelle, même après vingt ans, je suis toujours étonné. Ça me fait drôle.

Quand j'ai quitté la politique active, j'ai essayé par tous les moyens de détruire mon personnage pour finalement me rendre compte que l'entreprise est impossible. J'ai dit des conneries, j'ai parlé de cul quand ce n'était pas le temps et cela n'a rien donné. Tout ce que j'ai fait pour le détruire n'a servi qu'à l'amplifier. Les gens disent «seul Bourgault ose faire ceci ou dire cela» et ils m'admirent davantage. Si je ne dis rien, on pense que je prépare secrètement une nouvelle offensive.

Ce n'est pas que je déteste mon personnage, au contraire. Je le trouve amusant. Sauf que ce n'est pas moi et j'aimerais bien qu'on m'apprécie ou me déteste pour ce que je suis.

Il y a sûrement des points communs entre mon personnage et moi mais il y a aussi plusieurs dissemblances. Un personnage n'a pas de défaut. C'est un piège absolu car il est tellement abstrait qu'il nous échappe totalement. Je sens que les gens voient quelque chose qui n'est pas moi sans savoir exactement ce qu'ils voient.

*Ne vous arrive-t-il pas de vous dédoubler, de jouer des rôles?*

Parfois j'ai tendance à me caricaturer. Cela se produit surtout quand je suis complètement vidé. Je me surprends en public à faire du Bourgault, à faire des discours à la Bourgault. Et je n'aime pas ça. Entre autres, pendant la campagne référendaire, j'ai fait beaucoup de Bourgault.

Je comprends De Gaulle quand il parlait du Président de la

République à la troisième personne. La fonction a des exigences différentes de la personne. Ce n'est pas vaniteux du tout, au contraire. C'est très humble et ça permet de mettre une distance entre les émotions et la fonction. Quand on occupe une fonction importante, je crois que ce dédoublement est inévitable.

Pour ma part, je suis conscient de la fonction. Le président du RIN était différent de moi. A l'occasion, j'ai eu le sentiment de parler à partir de la fonction et non à partir de mes tripes. C'est ce qui fait que j'étais capable de défendre envers et contre tous une décision majoritaire de l'exécutif même si je n'étais pas d'accord. Ce n'était pas moi qui défendait cette position, c'était le président du RIN.

---

*Quand il sent que les gens ont peur de lui, il amplifie la caricature. Il n'essaie jamais de se justifier.*
Louise Latraverse

---

*Votre personnage a souvent fait peur.*

Je ne suis plus capable d'entendre que je fais peur. Je trouve ça injuste et pénible. Ce qui me rend dangereux ce n'est pas l'usage de mon pouvoir, c'est l'usage délibéré de ma liberté. Certains confondent force et démagogie. Ils croient que si j'avais du pouvoir je serais dangereux. Ce n'est pas vrai.

J'accepte mal qu'on ait peur de moi pour les mauvaises raisons. Devant ceux qui me perçoivent mal j'ai tendance à amplifier la caricature. Ce n'est pas de la provocation, c'est tout juste pour me débarrasser d'eux. Je suis tanné de faire peur et de me faire dire que je suis dangereux.

Ceux qui ont peur de moi parce qu'ils croient que je suis violent font fausse route. Je suis l'homme le moins violent du monde. Je n'ai jamais frappé personne. Je suis plutôt du genre à me laisser casser la gueule. Plus encore, la violence physique me fait peur. Dans les manifestations par exemple, j'avais très peur. C'est peut-être pour ça que j'ai développé des allures épeurantes; je ne voulais pas être dans une situation où j'aurais à me battre avec mes poings.

*Avoir peur de Bourgault, c'est comme avoir peur d'un gros toutou.*
                                                      Louise Latraverse

*Je suis toujours étonné que des gens aient peur de Bourgault. S'ils savaient jusqu'à quel point il est humain!*
                                                      Jean Décary

La peur entraîne la résistance. Il y a une résistance à Bourgault qui crée une barrière entre les autres et moi. Ils disent «il ne m'aura pas» ou encore «il est tellement fort qu'il faut s'en méfier».

Sous prétexte que les autres ne sont pas capables de me répondre, il faudrait que je me taise. Je n'ai aucune pitié pour ceux qui s'attaquent à moi sans préparation et je suis capable de colères froides. Pour ma part, je n'attaque pas n'importe qui et quand j'attaque quelqu'un en public, je me prépare. Les gauchistes m'achalent parce que ce sont des cassettes. Moi, j'ai toujours fait un effort pour regénérer mon discours.

Dans ma vie privée je fais plutôt peur à cause de ma froideur. Je suis capable d'une froideur épouvantable. Quand je suis fâché il paraît que mon visage est glacial et je peux rester très longtemps sans parler. Ma force c'est la parole mais c'est aussi le silence; je sais me taire. Cependant, je déteste ce trait de caractère chez moi.

Je suis dangereux parce que je peux convaincre. C'est uniquement dans ce sens-là que je suis dangereux.

---

*Je me souviens d'une assemblée à Saint-Hyacinthe après les élections de 1966. Il bavait littéralement. Quand il parlait, ceux qui n'étaient pas convaincus le devenaient rapidement.*
Louise Fiset

---

Mon pouvoir sur les foules est très dangereux. J'en ai toujours eu très peur. Je craignais que ma force tourne à vide et qu'elle devienne un piège. A l'époque du RIN, j'avais peur vingt-quatre heures par jour et surtout dans les assemblées.

Je me souviens m'être dit «il faut que je m'arrête parce que je pourrais faire faire n'importe quoi à ces gens». Je n'ai jamais voulu diriger une bande de sauvages. Je préfère m'adresser à l'intelligence des gens afin qu'ils comprennent la situation et qu'ensuite ils sachent pourquoi ils agissent.

Je ne me sentais pas dangereux et je ne voulais pas l'être. Par contre, tout le monde disait que j'étais dangereux et j'ai fini par avoir peur de moi. J'ai pensé que si tout le monde le disait, ça devait être vrai.

Je me souviens de la première fois que mon père m'a entendu parler en public. C'était lors d'une assemblée au Monument national et je commençais à posséder assez bien mon métier. Après la réunion il m'a dit «fais attention parce que tu es très dangereux». Ça m'a ouvert les yeux parce que c'est très facile pour moi de faire un discours pour amener les gens à descendre dans la rue.

Un jour René Lévesque m'a dit «vous êtes dangereux parce qu'il y a des gens qui sont prêts à se faire tuer pour vous». J'en étais conscient et c'est pourquoi je pratiquais une autodestruction systématique. Je ne voulais pas que les gens aient trop confiance en moi. Je me présentais devant les militants avec les cheveux longs et des cravates excentriques pour avoir l'air moins sérieux.

Si mon image n'a pas été bonne c'est parce que je l'ai souvent détruite. J'ai essayé de me détruire en conservant tout juste ce qui était nécessaire pour entraîner les gens dans une action positive.

---

*Dès les débuts du RIN, Bourgault faisait peur au monde parce qu'il est intransigeant et d'une pureté totale dans ses intentions, dans ses démarches.*
Jean Décary

*Bourgault est un grand fauve. Il séduit et terrorise à la fois.*
André Guérin

---

*Ne croyez-vous pas que cette auto-destruction vous a nui?*

Elle m'a certainement nui. Elle a coupé mon ambition. Sans cela j'aurais continué à monter. Si j'avais voulu me servir de toute ma force, il y a longtemps que je serais devenu le chef de quelque chose.

Par contre, à long terme je peux dire que ça m'a aidé parce qu'aujourd'hui je suis très content d'être sorti de la politique et de trouver un peu de sérénité.

*Même s'il n'occupe aucun poste, Bourgault c'est un monument.*

André Guérin

*Maintenant vous semblez heureux de détenir un pouvoir d'influence sans fonction d'autorité. Mais vous avez quand même cherché le pouvoir de décision ou les fonctions du pouvoir au cours de votre vie politique.*

C'est vrai. Je suis un homme de pouvoir. J'aime le pouvoir. Même si je n'ai jamais occupé beaucoup de fonctions d'autorité, outre la présidence du RIN, j'ai cherché le pouvoir pendant des années pour finalement me rendre compte que c'était vain. Au collège, on nous apprenait que le plaisir c'était le pouvoir. Toute cette éducation puritaine nous orientait vers la recherche du pouvoir et non du plaisir. J'ai eu du mal à me débarrasser de ça. J'ai éliminé le pouvoir de mes objectifs pour ne garder que le plaisir. J'ai le pouvoir des plaisirs que je donne. Je n'ai plus envie de pouvoir politique parce que j'aime beaucoup ma liberté. Ce n'est pas toujours drôle de représenter un groupe, de parler au nom des autres. Maintenant je jouis de ma liberté et de mon influence. Je me sers très peu de mon influence. On est toujours libre de l'assumer ou pas.

Le plaisir est devenu une recherche continuelle pour moi. Je réduis l'éventail de mes plaisirs afin de les augmenter. Quand on est jeune, il faut faire toutes sortes de choses et se préoccuper de découvrir. En vieillissant on découvre ses forces et ses faiblesses, et c'est à partir de ça qu'on fait un choix. A 27 ans j'étais heureux quand je faisais des discours; j'aimais cela et j'étais bon. On se donne plus de plaisir quand on est bon dans quelque chose. C'est dans ce sens qu'il faut envisager la compétition. La réussite, même partielle, se reflète sur les autres. Quand j'ai quitté la politique c'est que j'y trouvais moins de plaisir. Pour l'instant, enseigner représente un plus grand défi et j'y trouve mon plaisir. C'est différent pour chacun. Il faut découvrir ce qui est le plus grand plaisir pour soi et pour les autres, toujours en essayant de ramener les plaisirs à leur plus simple expression.

En général, les gens sont très puritains dans l'organisation de leurs plaisirs. Ils séparent plaisir et travail. Je les comprends; j'ai été longtemps comme ça moi aussi. Il suffit de se laisser aller et le plaisir devient plus constant.

Il faut étendre ses plaisirs. Par exemple, le plaisir de manger doit dépasser le temps du repas; c'est aussi le plaisir d'aller au marché, de choisir les légumes, de cuisiner et de penser à la dégustation. C'est la même chose pour la sexualité. Il faut que ça déborde du lit. C'est excitant toute la journée de voir de beaux corps, de penser au sexe, d'en parler. C'est la même chose pour la lecture. Le plaisir de bouquiner est aussi grand que le plaisir de lire.

L'équilibre et l'harmonie sont une conséquence du plaisir cherché et trouvé. C'est ce qui fait qu'on est bien dans sa peau.

*Avez-vous conservé de l'amertume de ne jamais avoir été élu?*

J'avoue que ça m'a dérangé un peu à un certain moment. Au début de mon engagement politique j'ai voulu être élu et j'ai tout fait pour l'être. Pendant la campagne électorale de 1966 j'ai donné tout ce que j'ai pu au risque d'y laisser ma santé. Aujourd'hui, ça m'arrange beaucoup de n'avoir jamais été élu. J'ai une très grande crédibilité en partie grâce au fait que je n'ai jamais siégé à l'Assemblée nationale.

*Avez-vous déjà rêvé de devenir premier ministre?*

Bien sûr. Quand j'étais plus jeune je rêvais d'être premier ministre et président de la République du Québec. On ne peut pas faire de politique sans entretenir de tels rêves. Après une dizaine d'années de vie politique ce rêve s'est estompé graduellement.

*Croyez-vous que vous auriez été un bon premier ministre?*

J'aurais été un bon premier ministre parce que je suis un très bon leader. Aussi j'aurais été excellent dans l'opposition. D'ailleurs j'aurais dû passer plusieurs années dans l'opposition avant de devenir premier ministre. C'est un problème dont j'étais conscient car c'est très difficile de faire la transition entre l'opposition et le pouvoir. Ça demande une grande adaptation mais je m'y serais certainement habitué.

*Croyez-vous encore à l'indépendance du Québec?*

Je crois encore que l'indépendance serait une bonne chose pour le Québec. Cependant je ne crois plus qu'elle se fera au cours des prochaines années. La notion d'indépendance va demeurer jusqu'à ce que le problème soit résolu ou jusqu'à la disparition du peuple québécois. Ça peut durer encore cent ou deux cents ans. Les Grecs ont mis cinq cents ans à se débarrasser des Turcs. Pour le moment, je pense que c'est arrêté; on piétine. L'accession du Québec à l'indépendance n'est pas un mouvement irréversible. Il n'y a rien d'irréversible.

Pendant que j'étais dans le RIN, j'étais certain que ça mènerait à l'indépendance. A partir de 1976, j'y ai cru de moins en moins. J'ai fait la campagne pour le référendum en m'accrochant à un espoir. Et j'ai espéré jusqu'à mon dernier article qui se terminait par «je n'ai plus rien à dire» en 1981.

On a trop démobilisé les militants. Lévesque a servilisé son parti; c'est ce que je lui reproche le plus. Il est coupable parce qu'il avait vraiment le parti pour faire l'indépendance. C'est odieux et honteux qu'il ait renvoyé les vrais indépendantistes chez eux. La majorité des membres du PQ ressemblent maintenant beaucoup plus à Lévesque qu'à moi. Les péquistes sont très peu politisés. Plusieurs ne peuvent même pas donner deux raisons pourquoi l'indépendance est souhaitable. Ça fait dix ans que le PQ ne parle plus d'indépendance.

*C'est peut-être que, justement à cause des progrès réalisés au cours des dernières années, l'indépendance n'est plus aussi nécessaire qu'elle l'était il y a vingt ans...*

Les raisons fondamentales de vouloir l'indépendance sont les mêmes en ce moment qu'en 1960 si l'on fait exception de la langue. Depuis l'entrée en vigueur de la loi 101, l'argument de la langue a perdu son importance. La langue a été un des moteurs les plus fantastiques que nous ayons eus dans le mouvement révolutionnaire québécois. La langue c'est fondamental, c'est ce qui nous identifie et c'est un argument qui pogne aux tripes. C'est à cause de la langue qu'il y a eu un RIN, un PQ et un FLQ. Maintenant c'est beaucoup plus difficile de faire passer un discours économique car nous n'avons plus le moteur de la langue. C'est pour ça qu'il fallait faire l'indépendance en prenant le pouvoir.

Lévesque a accusé les vrais indépendantistes d'être pressés. Ce n'est pas vrai. C'est lui qui était pressé de prendre le pouvoir. Le but du RIN était de former un gouvernement indépendant et non pas un bon gouvernement provincial.

L'erreur de plusieurs indépendantistes et surtout du PQ a été de croire que l'indépendance c'était la langue. Pourtant il n'y a rien de changé. Le pouvoir provincial restera toujours infirme. Il faut contrôler les pouvoirs sociaux, économiques, culturels. Aux indépendantistes il reste la volonté de s'approprier tous les pouvoirs collectifs.

---

*Au début des années soixante l'idée de l'indépendance était la force idéologique par excellence. Ça coïncidait avec la révolution tranquille. Dans les mouvements de départ ça prend un chef et Bourgault est un chef. Il était jeune, éloquent, articulé.*

Robert Bourassa

---

Une conjoncture favorable peut durer vingt-cinq ans mais certainement pas cinquante. De 1945 à 1960, 47 pays ont obtenu leur indépendance. La décolonisation gagnait les états africains et c'était la révolution tranquille au Québec. Ça faisait partie de la conjoncture et c'était très inspirant pour nous. Maintenant cette stimulation n'existe plus.

La conjoncture idéale arrive rarement dans l'histoire des peuples. Il y a plein de révolutionnaires sans révolution et de révolutions sans révolutionnaires. C'est la conjoncture qui fait que ça marche. Le succès du RIN et du PQ a été d'arriver au moment où les gens avaient envie de cela. Je trouve criminel que nous ayons tout raté quand il y avait une conjoncture si fantastique et un si beau mouvement.

*Pourtant le nombre d'indépendantistes augmente et on vous a même demandé à quelques reprises de fonder un autre parti indépendantiste.*

Effectivement on m'a demandé de fonder un autre parti pour faire l'indépendance du Québec. Si j'étais ambitieux je pourrais le faire et aller chercher les membres du PQ qui sont indépendantistes. Il suffirait de les motiver. Mais je ne suis pas intéressé à me retrouver tout seul sur les barricades encore une fois. Ce n'est pas une bataille que l'on recommence deux ou trois fois dans une vie.

*Donc vous croyez qu'il est maintenant trop tard?*

A ce moment-ci je crois que le chapitre de l'indépendance est clos. L'indépendance c'est fini et surtout c'est raté. Je ne crois plus à l'indépendance de mon vivant.

Peut-être dans quinze ou vingt ans ce sera de nouveau possible. Il faudra recommencer à zéro et motiver les jeunes. Les vieux indépendantistes alliés aux jeunes pourront peut-être faire quelque chose.

Lévesque dit que les prochaines élections se feront sur la souveraineté. Mais tout le temps qu'on a perdu ne se reprend pas. Présentement il n'y a personne qui fait la tournée des CEGEPs pour parler de l'indépendance. Lévesque fait des déclarations disant que la souveraineté est encore l'objectif du PQ mais cela n'explique rien, cela ne convainc pas les gens que l'indépendance serait une bonne chose. Il ne propose aucun grand rêve pour lequel les gens pourraient se sacrifier. On ne dit jamais ce que serait un Québec indépendant. Les seules fois qu'on parle d'indépendance c'est pour critiquer Ottawa. Les gens en ont assez de la querelle Lévesque-Trudeau.

Evidemment le Parti Québécois est aux prises avec la crise économique. Lévesque a parfaitement raison de dire qu'il est plus important de régler la crise que de parler d'indépendance. C'est là le piège du pouvoir. C'est pour ça qu'il fallait faire l'indépendance en prenant le pouvoir. Si nous ne sommes pas sortis de la crise économique pendant la prochaine campagne électorale, est-ce qu'ils oseront parler de la souveraineté?

Je n'entretiens plus l'espoir de vivre dans un Québec indépendant. Je m'appuie sur des faits mais surtout sur mon instinct. A moins que le PQ gagne la prochaine élection et fasse l'indépendance... Je n'y crois plus mais on ne sait jamais. En histoire, il ne faut jurer de rien. Je serais très surpris que Lévesque fasse l'indépendance mais aussi très heureux. J'aimerais tellement avoir tort.

*Jusqu'à maintenant l'histoire vous a presque toujours donné raison.*

Avoir raison c'est le drame de ma vie.

A quoi sert d'avoir raison quand on a tout perdu. Je vais mourir en disant j'avais raison. C'est complètement ridicule.

J'ai raison mais personne ne m'écoute. On ne discute pas mes idées. Je comprends que c'est très culpabilisant pour les autres d'avouer que j'ai raison. Certains me disent: «t'as raison mais il vaudrait mieux ne pas en parler». Alors qui en parlera?

Je déteste avoir raison. J'ai toujours raison trop tôt ou trop tard, mais jamais au bon moment. L'histoire de ma vie c'est d'avoir raison pour rien et c'est extrêmement frustrant.

Avoir raison c'est la dernière chose importante. Surtout en politique. Il faut se préoccuper de gagner et c'est tout. Lévesque avait raison dans le débat constitutionnel et il a perdu.

J'aimais avoir raison mais je reconnais que c'est ridicule. C'est un objectif absurde. Ça ne m'a strictement rien donné d'avoir raison parce que je suis un perdant. Un gagnant gagne même s'il n'a pas raison.

*Considérez-vous l'échec de l'indépendance comme un échec personnel?*

Oui et ça me trouble beaucoup. Comme disait Simenon «il n'y a pas de vie sans échecs». Certains jours, j'ai l'impression d'avoir tout raté: ma vie publique et ma vie privée. Heureusement, je ne suis pas dépressif de nature! Mes déprimes, quoique très profondes et très intenses, ne durent jamais longtemps. Finalement ce qui compte ce n'est pas tant de réussir une carrière que de réussir sa vie. Et c'est ce que j'essaie de faire.

*Quand vous constatez que la cause de l'indépendance est perdue avez-vous des regrets?*

Je n'ai pas de regrets. Je ne regrette jamais rien. Ça fait partie de mes moyens de défense. C'est ce qui me permet de ne pas faire carrière. Il y a cependant un inconvénient à ne pas regretter: ça m'empêche d'approfondir cette question.

Je ne regrette pas mon engagement politique même si l'indépendance n'est pas réalisée. Je suis persuadé que je ne suis plus le même grâce au mouvement indépendantiste. Ça m'a changé, amélioré. Je suis meilleur et plus tolérant qu'il y a vingt ans. J'ai contribué à bâtir une meilleure vie pour moi et pour bien des gens. Les Québécois s'identifient de plus en plus au Québec et de moins en moins au Canada. Des centaines de milliers de Québécois et de Québécoises sont moins colonisés qu'en 1960. Peut-être que les peuples ne progressent que de cette façon, c'est-à-dire petit à petit...

Peu importe le résultat du référendum, les gens ont eu la possibilité de choisir et, en soi, cela était un événement important. Aujourd'hui 40% des anglophones de 'Montréal ne parlent pas français. C'est un progrès énorme car il y a quinze ans, plus de 60% des anglophones ne parlaient pas français.

Le mouvement indépendantiste a animé le Québec. Quand on dit que les chanteurs et les poètes ont beaucoup servi la cause de l'indépendance, on oublie d'ajouter que cela était réciproque. Le mouvement indépendantiste a été source d'inspiration pour nos artistes. Par exemple, Michel Tremblay a commencé à écrire à partir d'une nouvelle identification au peuple. Aussi, il ne faut pas oublier que le RIN a été le premier parti areligieux au Québec. Au début de la révolution tranquille ce fait était très significatif.

Evidemment je suis déçu que l'indépendance du Québec ne soit pas réalisée. A l'occasion j'ai aussi des moments d'amertume. Mais je ressens surtout une très grande lassitude physique et psychologique. Je suis plus meurtri qu'amer. Je suis déçu mais sans regret.

---

*Bourgault est parfois un peu amer. Ce qui est étonnant c'est qu'il ne le soit pas davantage. Peu de gens auraient réussi à conserver une attitude aussi sereine après tout ce qu'il a vécu.*
Andrée Ferretti

---

*Sans l'apport du mouvement indépendantiste, il est permis de croire que la culture québécoise n'aurait pas la spécificité qu'on lui connaît.*

Attention. Une des choses que je déplore le plus dans mon

action nationaliste c'est qu'elle a créé des «nationaleux». C'est une des conséquences malheureuses du RIN. Les «nationaleux» pratiquent un nationalisme dévoyé qui se replie sur lui-même alors que le mouvement indépendantiste visait l'ouverture sur le monde.

Les définitions culturelles du PQ sont des définitions nationaleuses. C'est l'artisanat avant l'art, le macramé avant Rodin. Je ne peux pas accepter que l'on dise que l'Orchestre symphonique de Montréal n'est pas québécois.

Le PQ saupoudre de l'argent un peu partout pendant que les institutions meurent. Quand on omet de faire des choix, d'établir des priorités, on se disperse et on ne crée rien qui vaille.

*Pourtant vous êtes décentralisateur.*

Idéologiquement, je suis très décentralisateur. Mais pratiquement, il faut faire attention. La décentralisation peut tuer un petit peuple comme le nôtre. A force de vouloir régionaliser, on risque d'asphyxier les centres de créativité naturels sans pour autant animer de façon significative les satellites. La décentralisation est possible dans un pays riche, fortement développé et qui a plusieurs grands centres régionaux. La politique culturelle du Parti Québécois est une catastrophe.

Il est illusoire de subventionner un comédien à Sept-Iles. S'il est bon, il viendra à Montréal quelques mois ou quelques années plus tard. La créativité se trouve naturellement dans les grands centres où l'on peut se confronter aux autres.

En ce moment notre gouvernement n'existe que par la reconnaissance de l'histoire et le ministère des Affaires culturelles est sous-financé. Sans compter que les «nationaleux» se fâchent quand on dit quelque chose contre le peuple québécois. Nous avons des qualités et des défauts comme tous les peuples. Pourquoi ne pas se le dire?

---

*Bourgault a une haute opinion des Québécois. C'est lui qui est l'auteur du slogan du RIN «on est capable», slogan repris plus tard par le PQ.*

Marc Lavallée

---

*Que pensez-vous du peuple québécois?*

C'est un peuple comme les autres mais colonisé. Nous avons de grandes qualités et aussi tous les défauts des colonisés. On a des attitudes de colonisés. Quand un film casse, on attend. Au restaurant on attend pour se faire servir. Les Québécois ont peur et manquent de confiance en eux. Les colonisés aiment se faire botter le cul. Trudeau nous méprise et c'est ici qu'il récolte le plus de votes.

Il ne faut pas oublier que le conquérant a été une présence brutale jusqu'à il y a dix ans. Il y a aussi le conquérant économique américain. Nous sortons à peine de deux cents ans de colonialisme et d'esclavage. Après avoir été écrasés pendant si longtemps c'est normal que les Québécois aient peur de relever la tête. Ils n'osent pas et nous ne pouvons pas les blâmer.

---

*Je suis convaincue qu'à l'intérieur de lui-même il a vécu intensément le drame du colonisé. Son je-m'en-foutisme apparent n'est venu qu'avec les années, à mesure que les déchirures et les affronts se sont accumulés.*

Andrée Ferretti

*En ce moment êtes-vous heureux de vivre au Québec?*

C'est relativement intéressant d'être Québécois, de parler français et de vivre en français. Moi, je trouve ça agréable. Je n'ai pas pris la décision de m'assimiler.

S'il se trouvait que ça ne vaille plus la peine de continuer à vivre en français, je demanderais l'annexion aux Etats-Unis comme je l'ai toujours dit. Si je ne peux pas vivre dans un pays qui m'appartient, si nous devons disparaître en tant que peuple, autant disparaître dans les Etats-Unis qui sont un pays riche, puissant et créateur. Evidemment le Québec indépendant est mon premier choix. L'annexion aux Etats-Unis est mon second. La proposition la moins intéressante pour nous est de continuer avec le Canada anglais car cela ne nous apporte absolument rien.

Tant qu'il y aura des Québécois qui vivront en français, il y aura de l'inspiration. Et on ne sait jamais, il pourrait se produire un coup de chance inouïe.

Nous pouvons continuer à parler français pendant très longtemps encore. Il suffit de se protéger un peu comme on fait avec la loi 101. Ça dépend aussi de la force de la France. Une colonie est toujours dépendante du foyer linguistique principal.

*Pendant longtemps vous avez réclamé l'unilinguisme total; vous disiez que seul l'unilinguisme peut sauver la langue française au Québec. Maintenant vous semblez satisfait avec la loi 101. Avez-vous changé d'idée?*

Oui j'ai changé d'idée. Il me semble que la loi 101 soit suffisante. Je ne tiens pas à faire mal aux gens. Avec la loi 101 on est allé assez loin pour que les Québécois francophones se sentent confortables, qu'ils trouvent la sérénité; c'est pour ça que je suis d'accord. D'ailleurs l'élection du 15 novembre 1976 a fait disparaître en une nuit 90% de l'agressivité des Canadiens français.

La loi 101 n'est pas parfaite. Il reste encore des ajustements à faire. Je ne suis pas d'accord avec l'obligation pour les institutions anglaises de changer leur nom. Le Dawson College n'a pas à s'appeler le Collège Dawson. Je trouve que c'est de l'humiliation. Mais globalement je ne pense pas qu'il soit nécessaire d'aller plus loin que la loi 101. Dans les prochains mois les Anglais vont prendre tous les moyens à leur disposition pour faire disparaître cette loi, pour la défaire en petits morceaux. Maintenant qu'ils détiennent cette victoire que constitue la décision rendue par le juge Deschênes, ils ne reculeront plus.

Quoi qu'il en soit, la loi 101 me satisfait. D'ailleurs l'unilinguisme total n'a jamais voulu dire un pays où on ne parle pas d'autres langues. Un pays unilingue français ça veut dire un pays où la langue officielle est le français, un pays où on travaille en français et aussi un pays où on enseigne la langue seconde le mieux possible.

On a tort de croire que le RIN était beaucoup plus à gauche que le PQ. Dans l'ensemble le programme du RIN n'allait pas beaucoup plus loin que celui du PQ sauf que le contraste était plus grand entre ce que nous proposions et la société dans laquelle nous vivions. C'était la mode au début des années soixante de parler de nationalisation massive. Si le RIN avait continué nous serions sans doute revenus à des proportions plus réalistes.

D'ailleurs, j'ai souvent approuvé le PQ sur sa façon de gouverner. Mon désaccord est surtout marqué sur la question nationale.

*Bourgault voulait sincèrement décoloniser le Québec. Si
seulement le Parti Québécois avait su s'en servir!*

Guy Fiset

*Si c'était à refaire, donneriez-vous autant de vous-même à la
cause de l'indépendance? En feriez-vous encore la cause de
votre vie?*

Sachant tout ce que je sais aujourd'hui je ne le referais peut-
être pas parce que c'est trop difficile sur le plan personnel.
Pour faire ce que j'ai fait, ou bien on est déséquilibré au
départ, ou bien on le devient. Moi j'étais déséquilibré au
départ et ce déséquilibre s'est amplifié quand je suis devenu
président du RIN. Quand on consacre sa vie à une cause
aussi importante que l'indépendance, on ne peut plus reculer.
Cela accentue le déséquilibre. Ça cause des déformations
épouvantables. Par exemple, j'arrive à peine à pouvoir
dialoguer. Il m'est encore plus facile de parler à 10,000
personnes qu'à une seule et c'est très souffrant.

Au début c'est très excitant d'embarquer dans une grande
cause. Il y a toujours une bonne dose de masochisme
combinée avec la générosité. Il y a aussi la vanité. Mais après
un moment, la gloire et les applaudissements perdent leur
importance. Le RIN c'était beaucoup plus du masochisme et
de la générosité que de la vanité. Quand on pense à tous les
sacrifices auxquels il faut consentir pour arriver à son but, on
se demande si ça vaut la peine. Après avoir été applaudi par
5000 personnes c'est très frustrant d'aller dormir tout seul
parce qu'on a pas de temps à consacrer à l'amour. Certains
soirs ça m'a fait très mal.

Je ne regrette pas vraiment parce que je suis content d'être ce que je suis maintenant et j'apprécie ma situation. Sauf que je ne suis pas certain que ça vaille la peine de consacrer vingt ans de sa vie pour arriver à cela. J'envie beaucoup les gens qui n'ont pas besoin de ça pour vivre.

Evidemment cela ne veut pas dire que dans les mêmes circonstances je ne recommencerais pas. Est-ce que j'aurais pu faire autrement? C'était dans ma nature de faire ça. Je ne me plains pas; je ne me suis jamais plaint de ma situation, même dans les moments les plus difficiles. Aujourd'hui, je tire plaisir des bénéfices et je me considère privilégié. Je dis simplement qu'il y a peut-être des moyens plus simples d'être heureux.

---

*Bourgault ne regrette pas. Ce n'est pas sa nature. Il ne parle jamais du passé. C'est un homme du présent.*
Louise Latraverse

---

*Malgré les périodes difficiles, malgré les années de grande misère, vous considérez-vous encore comme un homme privilégié?*

Absolument. J'ai une vie extraordinaire. Et la chance inouïe d'avoir pu laisser l'action à temps pour avoir le loisir d'y réfléchir. Pendant ma vie d'action politique j'ai souffert terriblement d'être toujours sur la route. J'ai rarement eu le bonheur de passer des soirées à la maison à lire ou à flâner. Maintenant c'est ma période de contemplation et je tends vers une vie mieux équilibrée. Je suis chanceux d'avoir pu agir et de pouvoir me retirer pour réfléchir sur mon action. Plusieurs hommes d'action n'ont jamais eu l'occasion de prendre le recul nécessaire à la réflexion et je suis certain qu'ils en ont souffert autant que moi.

J'ai reçu beaucoup de mon action politique. C'est ce qui m'a fait ce que je suis. Il y avait du cœur et de la passion dans mon engagement. Il y avait aussi du plaisir. J'en ai retiré au moins autant que j'en ai donné.

Surtout, j'ai eu la chance de vivre ça très jeune. Je suis devenu chef du RIN à trente ans. J'ai été un des plus jeunes chefs de parti au monde. Il m'a fallu apprendre vite. Mes années de vie politique ont été d'une intensité incroyable et j'aime vivre intensément. Ça ne vaut pas la peine de vivre longtemps si on ne vit pas intensément. J'ai vécu à une vitesse folle et surtout j'ai aimé avec passion ce que je faisais.

A présent, c'est autre chose. J'ai encore une vie très intense mais beaucoup moins agitée.

---

*C'est inimaginable la reconnaissance qu'on lui témoigne. Les chauffeurs de taxi refusent de le faire payer; dans les bars on lui offre des consommations gratuites et dans les magasins on lui fait des prix spéciaux. Ce sont des gestes spontanés qui témoignent d'une profonde reconnaissance.*

Guy Boucher

---

*Après tant d'années pendant lesquelles bien des portes vous étaient fermées, ça doit faire du bien d'être entouré de reconnaissance...*

C'est très agréable. Je suis entouré d'une reconnaissance réelle qui n'a rien à voir avec l'admiration. Parfois les gens me sont reconnaissants de façon exagérée, au point où j'en suis mal à l'aise.

En fait, c'est le lendemain de l'élection du Parti Québécois que ma vie a changé. Le 16 novembre 1976, je pouvais faire des chèques dans les restaurants et les gens ne me regardaient plus de la même façon. Dans leur esprit j'étais devenu une espèce de fou qui a travaillé énormément pour l'indépendance. L'élection du PQ a été un tournant important dans ma vie. Du jour au lendemain je suis devenu plus respectable et plus aimé.

---

*Même si les gens ne partagent pas ses idées, ils reconnaissent son courage. C'est très touchant l'hommage qu'on lui rend.*
*A la campagne, un samedi soir, j'avais besoin d'un plombier. Impossible à trouver. Un plombier offre de venir le lundi matin. Je lui fais part de mon ennui car j'attends des invités dont Pierre Bourgault. Il me dit «si Monsieur Bourgault est là, j'y vais tout de suite».*

André Guérin

---

*Sur la rue ou dans un endroit public vous passez difficilement inaperçu. Comment acceptez-vous d'être continuellement reconnu?*

J'accepte cela comme faisant partie de ma vie publique. Quand je suis de bonne humeur, c'est agréable. Quand je suis de mauvaise humeur, ça devient agaçant. Ce qui est fatigant c'est d'entendre continuellement chuchoter dans son dos.

La plupart des gens sont relativement discrets. Dans un endroit public ou sur la rue, ils me saluent, me posent une question et s'en vont. C'est différent dans les bars. Même si je dis clairement qu'on me dérange, certains restent là pendant une heure.

Mais je sors relativement peu. Je vais toujours dans les mêmes bars et les mêmes restaurants. Avec le temps je fais partie des meubles et on m'oublie. Je suis effrayé par les milieux que je ne connais pas.

*Seriez-vous timide?*

Même si j'ai à peu près vaincu ma timidité, je suis foncièrement un gars timide. Je suis terriblement mal à l'aise quand je me trouve seul avec quelqu'un pour la première fois. Je ne sais pas quoi dire.

---

*Bourgault n'a pas de conversation. Il est monosyllabique.*
Marchel Chaput

---

C'est vrai que je n'ai pas de conversation. Je ne suis pas ce qu'on appelle un fin causeur. Je suis incapable de parler de tout et de rien pour le simple plaisir de parler. Quand je suis obligé de le faire, je déteste ça au plus haut point. J'aime bien prendre part à une discussion autour d'une table mais j'ai beaucoup de difficulté à entretenir une conversation sur un sujet qui ne m'intéresse pas. Ça m'ennuie mortellement de parler inutilement. Quand je n'ai rien à dire je me tais.

Un orateur entretient essentiellement un monologue. Cela a eu des effets ravageurs dans ma vie privée.

---

*Bourgault est connu et admiré. Il y a plein de gens qui viennent lui faire des courbettes quand il sort. Il aime ça et n'aime pas ça. Il a besoin de la reconnaissance publique mais déteste les fans inconditionnels.*

               Jean-Pierre Desaulniers

Je veux être aimé et non admiré. Il fut un temps où j'avais sans doute plus besoin d'admiration que d'amour. J'en ai eu ma part. Aujourd'hui c'est le contraire. L'admiration éloigne et l'amour rapproche. Je ne veux plus être une statue, je veux retrouver ma chair.

L'admiration c'est terrible; c'est une barrière infranchissable. C'est pour ça que j'essaie de la détruire. De temps en temps je pense avoir réussi et tout à coup quelqu'un vient m'avouer son admiration. Parfois je suis adulé au point d'en être mal à l'aise; je trouve que c'est vraiment trop. Je voudrais plutôt être aimé pour ce que je suis.

L'admiration est un piège tout comme la beauté. On s'en approche mais ça ne va pas plus loin.

Je préfère miser sur l'intelligence plutôt que sur l'admiration. Je ne veux pas qu'on me suive bêtement. Je veux amener à réfléchir et l'admiration inconditionnelle me déprime profondément.

*Ses rapports avec les autres sont basés sur l'intelligence.*

               Jean-Louis Robillard

J'aime beaucoup l'intelligence et en ce sens-là, je suis très étiliste même si je n'aime pas l'avouer. Je privilégie l'intelligence dans son sens latin qui est la faculté de comprendre. Pour moi, l'intelligence a un sens très large:

c'est la facilité de se servir de ses sens pour comprendre. L'intelligence c'est la raison, les émotions, les sens et aussi l'imagination. Cette dernière permet de mettre en place une situation non vécue et de se mettre dans la peau d'un autre. En ce sens, la compassion relève de l'intelligence puisqu'elle permet de comprendre les autres.

Je peux passer beaucoup de temps avec des gens qui ne sont pas instruits, qui n'ont pas de connaissances, pas de culture, qui sont mal éduqués, à la condition qu'ils soient intelligents. Je ne peux supporter ceux qui ne le sont pas.

---

*Bourgault est intolérant pour la bêtise.*

André Guérin

---

*Et vous aimez que l'on vous trouve intelligent!*

J'adore qu'on me trouve intelligent! Je crois l'être. Je pense avoir cette faculté de comprendre, de mettre les choses en rapport les unes avec les autres, de faire des synthèses. Parfois ça m'agace un peu car j'aimerais aussi être aimé pour autre chose.

L'intelligence est fascinante. A l'occasion ça impressionne un peu et ça peut même complexer les autres. Mais le seul piège est pour soi-même: la tentation de vouloir faire intelligent à tout prix. J'ai déjà écrit des textes sur le droit à l'insignifiance. J'ai toujours réclamé le droit d'être léger et futil. C'est fatigant l'intelligence, ça oblige à un effort constant. En général, les gens intelligents m'accordent ce droit de dire des niaiseries de temps à autre.

*Il y a un côté très gamin chez Pierre.*

André Guérin

Je suis plus bébé que gamin. Gamin a un sens espiègle et je ne le suis pas. Je ne joue pas de tours, je ne fais pas de mots d'esprit, je raconte rarement des histoires, sauf de très courtes parce que je ne suis pas un conteur. Je peux raconter dans le mouvement oratoire mais il y a grande différence entre un orateur et un conteur.

Au fond je suis demeuré très frivole. J'ai du plaisir à l'être parce que j'ai toujours eu une vie sérieuse. J'aime le rire et je ris beaucoup. C'est spontané. Je suis un public extraordinaire.

Aussi, je sais rire de moi et c'est très important. Trop rares sont ceux qui ont le sens du ridicule. Ils font un travail à moitié et se prennent au sérieux. Moi je fais un travail sérieux et je ris.

*Bourgault est un gars drôle comme on ne peut pas l'imaginer. Nous rions beaucoup ensemble et surtout de nous-mêmes, de nos travers.*

Guy Boucher

*Bourgault a un sens de l'absurde très aigu. Il est extraordinaire pour faire ressortir les contradictions.*

Jean Décary

*Pierre rit beaucoup. J'aime la générosité de son rire, sa jeunesse et son enthousiasme.*

Louise Latraverse

> *Pour survivre dans son entourage, il faut en plus d'être intelligent, avoir de la personnalité et posséder un ego très solide. Bourgault aime les êtres indépendants.*
>
> Jean-Louis Robillard

C'est vrai. J'aime les gens forts, ceux qui me résistent. J'aime jouer avec eux à des jeux intelligents et moraux.

On peut me reprocher d'avoir un ego démesuré; c'est vrai. Sans aucune méchanceté et sans même m'en rendre compte, je peux écraser des gens faibles. C'est comme un éléphant avec une souris. Quand je réalise que j'ai écrasé quelqu'un, je suis très malheureux. Il n'y a rien qui me peine davantage que de blesser quelqu'un sans le vouloir. Il m'arrive d'être méchant devant la bêtise mais je ne le suis jamais gratuitement.

Je n'ai pas envie de m'entourer d'êtres serviles. C'est pour ça que je n'aime pas les chiens. Ils sont trop serviles. Il m'est arrivé de ramasser des chiens égarés mais après deux mois quand j'appelle mon chien et qu'il arrive la langue pendante, je le renvoie; je ne peux supporter cela. J'aime mieux les chats. Ils sont plus indépendants.

Ceux qui m'entourent, mes amis par exemple, sont très critiques et ils me résistent.

*Etes-vous un bon ami?*

Je ne suis pas un bon ami de tous les jours parce que je n'aime pas être dérangé, même par mes meilleurs amis. Je suis sauvage. Par contre, dans les périodes de crise je suis là. Je suis toujours prêt à aider ceux qui ont des problèmes affectifs ou qui sont malheureux.

Je suis un ami très loyal mais négligent. Je ne m'occupe pas assez de mes amis et je leur téléphone rarement. J'ai des amis très différents les uns des autres. Ils m'aiment beaucoup mais sont aussi très critiques. J'ai quelques bons amis et je n'en veux pas plus. L'amitié est très exigeante. C'est pourquoi on ne peut pas avoir un grand nombre d'amis.

Comme relation je privilégie l'amitié amoureuse dans laquelle la tendresse entre à pleines portes. La tendresse est un des plus beaux sentiments et les vieux couples me fascinent. Si j'avais le choix je n'entretiendrais que des amitiés amoureuses.

---

*Pierre est exigeant en amitié mais très présent, généreux et fidèle. Il a le sens de l'amitié. C'est un être stimulant qui fait ressortir le meilleur chez les autres. Je sais que je peux compter sur lui.*

Louise Latraverse

*Dans ses amitiés comme dans toutes ses relations, il est total. Il aime ou il n'aime pas. C'est un ami fidèle et attentif.*

Jean Décary

---

*Et vos amours?*

J'ai été un grand amoureux. Chaque fois j'embarquais comme si c'était pour toujours. Je coupais tous les ponts. D'ailleurs j'ai toujours cru que quand on aime c'est pour la vie.

J'ai eu beaucoup d'amours. Malheureusement, à cause de certaines circonstances, ça n'a jamais dépassé un an. Je n'avais pas le temps. J'aurais bien voulu aimer pour la vie. C'est peut-être ma plus grande frustration de ne pas avoir vécu un grand amour plus longtemps.

J'ai aussi été un très mauvais amoureux. Il ne suffit pas d'aimer, il faut savoir comment. Mon plus gros problème c'est que je ne parle pas. Je peux endurer pendant longtemps les pires choses sans rien dire et, tout à coup j'éclate. J'essaie de me faire croire que c'est de la patience; une patience qui frise la bonnasserie. C'est plutôt de la lâcheté. Je suis incapable de régler les petits problèmes à mesure qu'ils se présentent. J'ai peur d'être méchant. Il y a aussi la peur de perdre l'autre; c'est un manque de confiance en soi. De plus, je rationalise tout; j'ai une boulimie de rationalisation.

Je suis un amoureux à l'ancienne ce qui implique jalousie et possession. Pour moi, la fidélité est très importante. Si j'ai l'impression d'avoir trouvé la personne ultime alors pourquoi ne pas la garder! Ceux qui sont contre la jalousie et la possession n'ont pas aimé. La jalousie est créée par ceux qui n'aiment pas. C'est l'inégalité qui fait les chaînes en amour.

Je suis total en amour comme en toutes choses.

---

*Bourgault aime l'amour. Il n'a pas changé depuis vingt ans.*
                                              Jean Décary

*Pierre est très romantique. Devant l'amour il est sans défense.*
*Quand il est en amour, plus rien n'existe.*
                                              Guy Boucher

---

*Vous êtes très idéaliste!*

Je suis un idéaliste; je l'ai toujours été et je veux le rester toute ma vie. Je ne vise jamais le juste milieu; je vise toujours le maximum. Souvent, tout ce qu'on trouve dans le juste milieu c'est la médiocrité. Je recherche l'équilibre mais je n'essaie pas d'éliminer les extrêmes pour me situer au milieu. J'essaie plutôt de réconcilier mes extrêmes.

Je comprends que l'on dise que je suis extrémiste; je m'en vante et je m'en réjouis. Je vais au bout des choses et au bout de mes pensées. Quand je dis que je vais faire quelque chose, je le fais. Un journaliste anglais a déjà dit que si je prenais le pouvoir c'est certain que je ferais l'indépendance. Et il a raison. Je suis aussi extrémiste dans mes sentiments: j'aime ou je hais.

Il faut toujours tendre vers l'idéal des choses. Sachant qu'on n'y arrive jamais je m'accomode des accidents. Mais je refuse qu'on fasse des principes avec quelque chose qui n'est pas idéal. Je suis contre le fait d'élever à l'état de principe une situation accidentelle que nous devons assumer pour diverses raisons. Par exemple, je suis contre l'idée, très à la mode de ce temps-ci, de rejeter le couple traditionnel pour prôner la famille monoparentale. Nous devons continuer à viser le couple idéal pour élever des enfants. La famille monoparentale ne doit jamais devenir un principe; elle ne doit être qu'un accident.

---

*Pierre va au bout de ses idées. Il va au bout des choses jusqu'à se faire mal.*

Louise Latraverse

---

*Avec le temps on dirait que vous avez apprivoisé la contradiction. Cependant, vous demeurez toujours paradoxal. Cultivez-vous le paradoxe à dessein?*

Il faut éliminer les contradictions mais non le paradoxe. La contradiction est difficile à vivre tandis que le paradoxe c'est le multidimensionnel. Il ne me reste pas beaucoup de contradictions. Cependant, je resterai paradoxal toute ma vie. Beaucoup de gens se tuent en voulant éliminer le paradoxe. Ils vont trop loin et deviennent unidimensionnels; ils éliminent toute la vie et c'est un monolithisme aberrant.

Les figures publiques n'ont pas de dimensions. C'est plat comme personnalité. La grande frustration de bien des hommes politiques et aussi l'une des miennes est de ne présenter qu'une image unidimensionnelle. On est parfois surpris que je puisse parler d'autre chose que de politique. On s'étonne que je m'intéresse à la musique ou à la peinture. Pourtant j'ai une foule d'intérêts autres que la politique dans ma vie. Même s'il existe un contraste violent entre certains de mes agissements, c'est toujours une partie de moi-même.

---

*Bourgault est paradoxal. C'est un être profondément rationnel mais son attention se porte sur la sensibilité. On aimerait Bourgault intuitif ou logique. Les deux en même temps c'est plus difficile à accepter.*
                                        Jean-Pierre Desaulniers

---

Je recherche constamment l'équilibre entre la raison et les émotions. Depuis quelques années j'ai fait des progrès mais je n'y suis pas encore arrivé. Je suis ou très rationnel ou très émotif. Je ne nie ni l'un ni l'autre sauf que j'ai tendance à privilégier l'un ou l'autre dans le temps.

*Parfois le paradoxe c'est aussi le désir de se montrer original...*

Je reconnais qu'il y avait chez moi un souci maladif d'originalité, une volonté d'originalité à tout prix. Instinctivement et parfois volontairement j'ai poussé ce souci à ses limites. J'avoue que c'était un peu bê-bête. Maintenant je ne le fais plus; je crois avoir réussi à dépasser cela.

*Vous n'avez jamais voulu être comme les autres!*

Je n'ai jamais désiré être monsieur tout le monde. Je voulais être moi. J'ai toujours été marginal car je voulais farouchement protéger mon indépendance. Je voulais constamment me prouver que j'étais libre et pour cela je ne pouvais pas être comme les autres.

J'ai toujours été en marge de quelque chose, je ne me suis jamais plié aux normes. Je resterai marginal toute ma vie. Ça fait partie de mon tempérament libertaire.

*A quel moment de votre vie avez-vous pris conscience de votre marginalité?*

Je ne sais pas exactement. J'ai l'impression de m'être toujours senti marginal. Au Séminaire de Sherbrooke, alors que j'étais le plus petit du Collège, les professeurs employaient l'expression «du petit Bourgault au grand Brabant» lorsqu'ils voulaient englober tous les étudiants. En syntaxe, au Collège Brébeuf, j'ai été directeur d'une grève. J'avais mené une campagne contre le fait que nous soyons obligés de jouer à la crosse alors que nous préférions le tennis. Devant six cents étudiants, à la chapelle, le directeur avait dit en annulant le congé «tant qu'il y aura des têtes fortes comme Bourgault, il n'y aura pas de congé». Ça m'a fait mal mais j'étais content. Toutes les fois que je me suis retrouvé en marge j'ai trouvé ça difficile mais j'étais heureux. Je me suis toujours distingué de la majorité soit volontairement, soit par les circonstances.

*Croyez-vous que votre marginalité vous a nui?*

Elle m'a beaucoup nui et m'a beaucoup aidé. Electoralement j'ai atteint le sommet de la marginalité en 1966 et j'ai failli être élu. Plusieurs m'aiment parce que j'ose être différent.

J'aime et je méprise la pure marginalité. J'essaie de trouver un équilibre.

---

*Bourgault est un gars extrêmement solitaire. Sa pensée il l'a élaborée tout seul.*

Marc Lavallée

---

Je ne suis pas un homme d'association. Je n'ai jamais fait partie d'aucun mouvement à l'exception du RIN et du PQ, ce qui au fond était une même appartenance. Il fallait que j'y crois beaucoup pour m'associer avec d'autres. J'étais militant parce que je croyais profondément à l'indépendance et non parce que j'avais besoin d'un groupe. Au RIN et même au PQ, j'ai rencontré plusieurs militants qui avaient besoin d'une appartenance pour se sécuriser émotivement ou pour trouver une famille qu'ils n'avaient pas. Ce n'était pas du tout mon cas.

Je suis très individualiste. J'aime réussir tout seul et me casser la gueule tout seul. Ça ne me dérange pas d'avouer mes erreurs mais je déteste avoir à défendre les erreurs des autres et les subir m'agace encore plus.

Je n'aime pas le travail d'équipe. Je suis capable de m'y astreindre mais je déteste ça. Par exemple, je trouve frustrant de travailler à une émission de télévision, de faire tout mon possible pour finalement constater que l'émission est de piètre qualité. Je n'ai jamais fait d'efforts particuliers pour devenir un homme d'équipe car je ne crois pas qu'il y ait de vertu à l'être.

---

*Bourgault n'a jamais développé de réseau d'amitié ou de complaisance pour accéder au pouvoir. Il aime beaucoup trop sa marginalité pour se plier à des courbettes et faire équipe.*
Jean Décary

*Bourgault est un individualiste qui a le goût des foules.*
Marc Lavallée

---

J'aimais les foules. C'est très excitant de se retrouver devant quatre ou cinq mille personnes en délire. Ça nourrissait ma vanité. C'était l'excitation d'exciter. Au cours des années une communication physique et viscérale s'est établie entre moi et plusieurs milliers de gens. Il y avait un échange; le plaisir donné m'était renvoyé par la foule. C'est très gratifiant quand ça réussit. La relation avec une foule c'est très intense mais ça ne va pas très loin. C'est comme si je changeais de partenaire à chaque fois.

Pendant les dix premières années j'ai véritablement aimé parler aux foules. J'avais besoin de ça. C'était un défi énorme et je perfectionnais mon art. Par la suite, je l'ai fait parce que c'était mon métier. Je ne détestais pas ça mais je n'y trouvais plus vraiment de plaisir. Les applaudissements me laissaient froid. Quand on sait tout le travail qu'il faut mettre pour triompher pendant quelques minutes, on se demande si ça vaut vraiment la peine. Et pendant le référendum je l'ai fait par devoir. En résumé j'ai parlé aux foules par passion, par métier et par devoir selon les différentes périodes de ma vie.

Quand je parlais à des foules je m'adressais à chacun des individus qui la composaient. J'ai toujours fait confiance aux foules. Le niveau d'intelligence est plus grand qu'on le croit généralement. Plus il y a de personnes, plus le dénominateur commun des connaissances est bas mais les gens sont capables de comprendre si on leur explique bien.

Une foule de deux cents personnes réagit comme une seule personne. Elle est entraînée par le mouvement. Par contre, s'il y a seulement vingt-cinq personnes dans une salle c'est beaucoup plus difficile car il faut composer avec la réaction de vingt-cinq individus.

Tout dépend aussi de la salle. Je me suis toujours tué à dire aux organisateurs de trouver des salles trop petites. Psychologiquement c'est catastrophique de parler dans une salle à moitié vide. Il vaut toujours mieux avoir une salle trop petite qu'une salle trop grande.

---

*Pierre aime les foules. Il n'aime pas être en rapport avec les gens; il préfère les avoir en avant de lui.*

Andrée Ferretti

---

*Est-ce que ça vous manque de parler à des foules?*

Ça ne me manque pas du tout. Au contraire, je suis heureux de ne plus avoir à le faire. Quand j'ai laissé la politique je n'avais plus le goût des foules et surtout plus envie du discours politique. Je n'avais plus envie de dire «suivez-moi on va conquérir le monde». J'avais l'impression de ne plus rien avoir à dire; je me sentais vidé. Certains soirs j'avais même envie de dire aux gens de retourner chez eux.

Je n'ai plus la vanité des applaudissements. Je trouve ça trop facile de faire réagir une foule, de la soulever, de la faire applaudir. Sans compter que la foule n'applaudit pas nécessairement l'orateur mais plutôt le symbole qu'il représente. Ou encore, la foule s'applaudit elle-même par enthousiasme. Les applaudissements de remerciement sont très satisfaisants mais assez rares. Maintenant j'ai beaucoup plus envie d'écrire que de parler. Les discours sont devenus trop faciles.

Il y a aussi le fait que je continue à parler à des groupes en tant que professeur. Je parle trois fois par semaine devant des étudiants en plus de faire de la radio, des entrevues à la télévision, etc.

Les conférences que j'ai données à travers le Québec à l'automne 1982 constituent quelque chose de différent. Elles n'ont rien à voir avec le discours politique. Elles sont en quelque sorte une prolongation de ma vie à l'université. C'est un cours avec un plus gros public.

Donc ça ne me manque pas de parler à des foules parce que je parle toujours à des groupes. Si je ne parlais plus devant personne, ce serait peut-être différent. Peut-être que ça me manquerait...


*Depuis que vous avez quitté la politique active on vous dit casanier...*

J'ai toujours été casanier mais j'ai rarement eu le bonheur de passer du temps à la maison. Depuis quatre ou cinq ans je vis assez retiré. J'ai une vie tranquille et bien rangée. Je suis devenu un homme d'habitudes. D'ailleurs les habitudes permettent de vivre plus facilement; elles évitent les pensées inutiles. Avec les habitudes le temps perdu disparaît.

Je suis maintenant un couche-tôt. Il faut dire que je me lève aussi très tôt pour ne jamais être pressé. Je n'aime pas être bousculé et je n'aime pas les surprises; même les bonnes surprises me dérangent. Malgré les apparences je suis un homme d'ordre dans le sens beaudelairien: luxe, ordre, calme et volupté. J'aime savoir ce qui va m'arriver et j'ai tendance à vouloir tout expliquer. Alors il faut prévoir pour ne pas être pressé.

J'ai la solitude extrêmement calme et dénuée d'intérêts particuliers. Je réfléchis beaucoup, j'organise ma maison et mon jardin, je fais des choses que je n'ai jamais eu le temps de faire. Je donne des grands coups de travail et entre cela je flâne beaucoup. C'est la solitude créatrice. La liberté ne peut se vivre vraiment que dans la solitude ou dans le dévouement total à l'humanité; elle supporte mal le juste milieu.

---

*Bourgault est un être seul. Il n'a pas de noyau de base.*
Claude-Yves Charron

---

*La solitude ne semble pas vous faire peur!*

J'aime la solitude. Le plaisir de la solitude m'est venu au moment où celle-ci est devenue un choix. J'ai eu la solitude triste quand j'étais jeune mais à partir de la trentaine j'ai commencé à me trouver bien tout seul. Le vrai goût de la solitude m'est venu quand j'ai commencé à faire de la politique. A force de rencontrer des milliers de gens chaque semaine, j'ai eu envie de me retrouver seul.

Je vis seul depuis plusieurs années et j'ai acquis des habitudes de vieux garçon. J'aurais sans doute beaucoup de difficulté à vivre avec quelqu'un. J'aime être seul pour réfléchir et pour écrire. Quand je travaille je ne veux pas qu'il y ait personne dans la maison et surtout pas quelqu'un qui marche sur la pointe des pieds pour ne pas me déranger; je ne veux pas forcer les autres au silence.

Pour être vécue agréablement la solitude exige un cadre physique en harmonie avec soi. Il faut être physiquement bien dans sa maison avant de songer à y trouver quelque satisfaction psychologique, morale ou intellectuelle. Il faut aussi apprendre à manger seul avec plaisir. Avec le temps je l'ai appris. Souvent je mange un steak tartare avec frites. Ce n'est pas long à préparer et avec une bonne bouteille de vin je peux facilement déguster avec plaisir deux heures durant. Parfois j'écoute de la musique, parfois je préfère le silence total.

*Il vous arrive même de ne pas répondre au téléphone.*

C'est presque pervers. J'aime le mystère de la sonnerie. Je réponds seulement quand j'en ai envie. C'est une réaction à ma vie publique que j'ai trouvée très difficile. Avec le temps ça va s'équilibrer. Je peux passer plusieurs jours sans répondre au téléphone. Si j'ai envie d'être seul, je m'isole dans le silence en sachant que le téléphone est à ma portée.

Je vais rarement au cinéma et je ne peux plus supporter le théâtre. Ce n'est pas que je n'aime pas le cinéma. Il y a quantité de films que j'aurais envie de voir. Mais je n'aime plus sortir de chez moi, faire l'effort de me rendre au cinéma. J'ai accepté de faire la chronique de spectacles à Station-Soleil de Radio-Québec spécialement pour me forcer à sortir et j'ai trouvé ça très difficile. J'aime le cinéma et je suis content après avoir vu un bon film mais tout ce qui est public m'agace, à moins que ce soit dans la rue.

Mon rêve serait de m'installer dans ma maison et ne plus

sortir. Je pourrais faire une émission de radio chez moi et je serais comblé. Mais en attendant il faut que je sorte pour gagner ma vie. L'été c'est un moindre mal. J'ai passé l'été sur la rue Saint-Denis. J'aime m'asseoir à une terrasse et regarder passer le monde; je suis spectateur. Cependant, quand l'hiver arrive, je rêve de m'encabaner.

*Vous avez peu de chances de réaliser votre rêve cet hiver car vos engagements sont nombreux: université, émissions de radio (CFCF), émissions de télévision (CFTM), conférences, etc.*

Pour bien travailler il faut que j'aie beaucoup de choses. Je suis merveilleux pour la paresse. Je peux facilement ne rien faire sans avoir le moindre remords. Par contre, je donne aussi de grands coups de travail.

Sauf pour les travaux de longue haleine, je respecte mes délais. J'écris seulement quand j'y suis forcé. Par exemple, à la *Gazette* mon heure de tombée est le vendredi à midi. Mon article arrive à midi et jamais à 11h. C'est extraordinaire les heures de tombée car sans ça je n'aurais jamais écrit.

---

*Certains vendredis sa chronique n'arrive jamais à la* Gazette.
*Mais on le connaît et on l'accepte comme il est.*
                                                    Ian MacDonald

---

Je ne m'agite jamais. J'ai toujours l'air au-dessus de mes affaires. Quand je me suis retrouvé tout seul, sans patron en 1968, je n'avais pas de discipline et je n'ai rien fait pendant six mois. Après j'ai commencé à travailler par moi-même. Avec les années j'ai acquis des disciplines qui me sont devenues de secondes natures.

## Comme la ponctualité!

Je crois au dicton que la ponctualité est la politesse des rois. Je suis d'une ponctualité un peu maladive et je ne peux supporter ceux qui ne le sont pas. Même quand j'étais le chef du RIN, j'étais toujours à l'heure. D'ailleurs ça étonnait tout le monde. On est peu habitué aux chefs qui arrivent à l'heure. Quand quelqu'un m'attend, je suis là, à moins d'avoir une très bonne raison. Sur 3000 assemblées, je suis peut-être arrivé en retard deux ou trois fois et c'était dans des circonstances incontrôlables. A l'université je suis arrivé en retard une seule fois. Mes cours, c'est sacré pour moi. Même malade, je vais rencontrer les étudiants. En six ans j'ai été absent quelques fois seulement.

---

*Il ne peut supporter que les gens soient en retard. S'ils le sont, il se venge et n'ouvre pas la porte.*

René-Homier Roy

---

*Votre solitude vous permet sans doute de lire beaucoup car vous avez toujours été un grand lecteur.*

Je l'ai été mais je ne le suis plus. J'ai lu beaucoup et mes connaissances du monde sont très livresques. Cependant, après avoir lu Proust il y a quelques années, je n'ai plus rien trouvé d'aussi beau et j'ai délaissé progressivement la lecture. J'aime lire mais je n'ai plus le goût de faire l'effort d'ouvrir un livre. D'ailleurs j'ai donné tous mes livres après avoir lu, dans le magazine *Time*, un article dans lequel on suggérait d'offrir ses livres pour en faire profiter les autres. J'ai pensé que c'était une bonne idée et j'ai presque tout donné, même les ouvrages de références. En fait, je ne me sers jamais de références parce que je ne suis pas un homme scientifique.

*Il ne lit pas pour lire. Il faut que ça lui apporte quelque chose*
*de précis. Par exemple, il aime feuilleter le dictionnaire pour*
*trouver de nouveaux mots.*

Guy Boucher

*Ça fait partie de votre tempérament de ne rien garder?*

Exactement. Je ne suis pas attaché aux biens matériels. Je me
détache assez vite des choses même de celles que j'ai désirées.
Il y a toujours plus beau et meilleur. Je m'attache beaucoup
plus aux personnes.

Je ne suis pas un homme de souvenirs. Je ne conserve pas de
photos et je ne garde pas les textes que j'écris. Une fois que
c'est fait, ça ne m'intéresse plus; je passe à autre chose. Seul
le présent m'intéresse. Je dis souvent à la blague que je veux
la gloire et l'argent maintenant. Je me fous de la postérité et
peu m'importe les monuments.

Les choses que j'aime le plus, je les offre en cadeau. Par
exemple j'ai donné ma peinture qui me plaisait le plus à
l'architecte qui a fait les plans de ma maison car je savais
qu'il l'aimait. Je ne suis pas collectionneur dans le sens de la
spéculation. La plus-value ne m'intéresse pas. C'est la même
chose pour l'argent; ça ne m'intéresse pas assez pour essayer
d'en faire.

*Pierre fait des cadeaux à la mesure de sa joie.*

Jean-Louis Robillard

*Vous avez aussi donné des milliers de disques.*

J'ai décidé de donner mes disques en même temps que mes livres. J'ai été un maniaque du son et j'avais des milliers de disques. La musique a toujours occupé une grande place dans ma vie. J'ai aimé à peu près toutes les sortes de musique. Il n'y a pas la grande et la petite musique; il y a la bonne et la mauvaise musique. J'ai été passionné de jazz au grand désespoir des Jésuites pendant mes années de Collège. Maintenant il y a seulement la musique classique dont je ne me lasse pas. J'ai une collection bien ordinaire d'environ trois cents disques et ça me suffit amplement.

*Vous n'êtes pas seulement mélomane; vous êtes aussi musicien.*

J'ai étudié le piano pendant douze ans et l'orgue pendant deux ans. Je peux jouer correctement.

Comme la plupart des familles québécoises nous avions un piano et mes parents tenaient à ce que tous leurs enfants aient des leçons de musique. J'ai commencé très jeune à apprendre le piano.

Au Collège Brébeuf les conditions étaient idéales pour la musique. J'ai eu de très bons professeurs tels Papineau-Couture et Daveluy.

Pendant certaines périodes de ma vie j'ai fait beaucoup de musique. Ce n'est pas régulier. Je peux facilement faire quatre ou cinq heures de piano par jour pendant six mois et après ne plus jouer pendant six autres mois. J'aime faire de la musique pour mon plaisir. Eventuellement j'achèterai un piano et je m'y remettrai.

*La plupart de vos projets s'articulent autour de votre maison.*
*Ne rêvez-vous pas d'un petit coin à la campagne ou de*
*voyages?*

Je n'ai aucune envie d'avoir une maison à la campagne. Ça ne
m'intéresse pas. J'adore aller à la campagne une journée ou
deux; plus longtemps, je m'y ennuie mortellement. Je suis un
montréalais de cœur et j'aime beaucoup la ville.

---

*Bourgault est un homme d'asphalte. Après quelques heures à*
*la campagne, il a le goût de revenir en ville.*

André Guérin

---

Et je n'aime pas voyager. Je n'ai jamais aimé ça. C'est une
réaction à tous mes faux voyages (tournées).

J'aime être rendu quelque part mais je déteste le voyage lui-
même. Je suis enragé tout le temps.

Je suis un très mauvais voyageur. Je ne peux pas aller dans les
pays pauvres car je me sens coupable et je n'ai pas les moyens
d'aller dans des endroits luxueux.

Il y a un seul voyage qui m'intéresserait. J'aimerais être à
Paris avec plein d'argent dans mes poches. Paris c'est la ville
où j'aurais le goût de faire des folies, de tout essayer. J'ai
toujours été frustré à Paris car j'y ai vécu dans la pauvreté.

En fait, je privilégie les voyages intérieurs. J'ai plus de plaisir
à entrer en moi-même pour observer la nature humaine.
C'est cela qui m'intéresse, beaucoup plus que les systèmes
politiques ou les paysages exotiques.

*Bourgault est insupportable en voyage. Je suis allé au Bahamas avec lui. Il voulait tout changer le système et demandait des choses impossibles. Boudeur, il s'asseoyait ensuite sous son parasol et consommait son ennui.*

Guy Boucher

*Depuis que vous avez acheté votre maison l'an dernier, la décoration de votre intérieur est en voie de devenir une priorité pour vous...*

Ma maison est très importante pour moi. C'est mon refuge et le lieu où je reçois ceux que j'aime. J'y accorde beaucoup d'attention. Et comme je suis solitaire, j'ai besoin d'un lieu agréable pour vivre ma solitude avec plaisir.

J'ai toujours rêvé d'une maison. C'était un fantasme. Pendant des années j'ai acheté des centaines et des centaines de revues de décoration. Ce rêve vient peut-être du fait que je n'ai jamais connu une vie de famille. Ou encore c'est peut-être parce que je n'ai jamais eu de territoire. Pendant mon enfance et mon adolescence j'étais pensionnaire. Par la suite j'ai déménagé d'appartement en appartement, de chambre en chambre. Je n'ai jamais eu un lieu que je pouvais appeler chez moi. Je crois que tous ceux qui ont eu une adolescence sans territoire rêvent d'avoir un toit bien à eux.

Aussi, je travaille beaucoup chez moi et j'aime être installé dans mes affaires pour longtemps. Avec les années je suis devenu sédentaire. C'est une autre réaction à ma vie politique qui m'obligeait à coucher à l'hôtel ou chez des militants pendant les tournées.

Ma maison s'inscrit dans ma recherche du plaisir trouvé.

L'équilibre et l'harmonie sont une conséquence du plaisir cherché et trouvé. C'est ça qui fait que je suis bien dans ma peau maintenant.

---

*L'achat de sa maison marque la fin de son nomadisme. Sa maison c'est son cloître.*

Jean-Pierre Desaulniers

*Sa maison c'est un cadre qu'il donne à sa création. Pour lui, c'est le bonheur qui arrive.*

André Guérin

---

*Votre maison est située dans un quartier populaire. Pourquoi avoir choisi le centre-sud?*

J'aime ce quartier et je me sens bien avec ces gens-là. C'est ce que j'appelle le vrai monde. Je ne suis pas comme eux mais je les aime et j'ai du plaisir à vivre parmi eux.

Aussi, je suis très attaché au centre-ville. J'aime la vie quotidienne et conflictuelle du centre-ville. Je déteste les banlieues où l'on a tous les inconvénients de la ville et de la campagne. J'aime la ville ou la nature sauvage mais pas l'entre-deux.

Comme je n'ai jamais eu d'auto, ma vie s'est organisée autour du centre-ville pour des raisons pratiques.

*Comment se fait-il que vous n'ayez jamais eu d'auto?*

Je n'ai jamais eu d'argent pour m'acheter une auto et toute ma vie s'est organisée sans ça. J'ai toujours habité le centre-ville et je n'ai jamais eu vraiment besoin d'une auto. Quand j'étais président du RIN les militants me transportaient d'une assemblée à l'autre; ça faisait partie des tâches des militants de veiller au transport du président.

Pendant la campagne référendaire, la Société Saint-Jean-Baptiste m'a offert une auto pour parcourir toute la province. J'ai demandé un chauffeur. Certains ont trouvé que j'exagérais. La vérité c'est que je ne savais pas conduire.

Peu de temps après, je suis allé au salon de l'auto. Je ne me suis jamais intéressé spécialement aux autos mais j'aime toutes les choses qui sont belles esthétiquement. J'ai eu le coup de foudre pour une belle auto et je l'ai achetée. Mais je ne savais toujours pas conduire.

J'ai obtenu un permis temporaire et des amis m'ont donné quelques leçons de conduite. Je conduis très vite mais bien. Sauf que je n'aime pas ça. La plupart du temps l'auto restait devant la porte et je marchais. Finalement j'ai vendu mon auto et je n'ai rien regretté. Je prends le métro, des taxis ou encore je marche.

*Votre maison est pour le moins étonnante. On y retrouve votre désir d'originalité.*

Ma maison dépasse mes rêves les plus fous, en grande partie grâce à Jean-Louis Robillard à qui j'ai donné une commande qu'aucun autre architecte n'aurait acceptée: une maison ouverte et fermée à la fois. Et il a parfaitement réussi. C'est intime et vaste. Toutes les pièces ont 14 par 25 pieds et s'ouvrent sur des perspectives de 35 pieds. Ma maison est très éclairée: 26 fenêtres et un puits de lumière. C'est original mais non maladif. C'est spectaculaire mais non riche. L'originalité tient à l'organisation de l'espace.

*Bourgault est aussi fastueux qu'austère. Il aime les grands espaces ouverts et il a besoin d'un décor à la mesure de ses rêves.*

Jean-Louis Robillard

Ma maison offre deux aspects différents, deux aspects de moi-même. En bas c'est tout blanc. C'est mon côté ascétique qui va jusqu'au masochisme. C'est la simplicité poussée jusque dans ses derniers retranchements; c'est la pureté classique. A la limite, c'est froid pour ceux qui n'aiment pas ce côté de moi.

En haut, c'est l'autre extrême: le baroque. Tout est gris et rose; c'est le plaisir et la chaleur. Ça fait aussi partie de moi.

Ce n'est pas une grosse maison mais elle s'habite merveilleusement bien. Elle est confortable. J'ai étudié les plans pendant des semaines et des semaines pour être certain de ne pas oublier le moindre détail. C'est mon côté pratique.

*Votre maison reflète aussi votre penchant pour le luxe...*

J'adore le luxe. Il faut cependant préciser que le luxe n'a rien à voir avec la richesse. Le luxe c'est l'espace, l'éclairage, l'agencement des choses. Parfois c'est une idée; un plancher blanc fait plus luxueux mais coûte le même prix qu'un plancher verni.

Même quand j'avais des appartements minables, je réussissais à leur donner un air luxueux. Mon truc est l'éclairage. Un taudis bien éclairé c'est chaleureux. Puis j'ai du goût!

*Depuis qu'il a trouvé le confort matériel il est beaucoup plus souple.*

René-Homier Roy

*Pierre s'est bonifié au cours des dernières années. Il est plus tolérant, plus chaleureux et plus attentif.*

André Guérin

C'est vrai. Je suis moins arrogant et plus gentil avec les gens. Ma générosité est plus avenante et mon rire plus constant. Auparavant j'étais très sévère et je riais de temps en temps. J'étais intolérant envers moi-même; si je faisais une erreur, je m'en voulais pendant deux mois. C'était très difficile pour moi de me supporter et évidemment c'était tout aussi difficile pour les autres. Maintenant je suis beaucoup plus agréable à vivre, plus tolérant envers moi-même et envers les autres.

Je me suis bonifié avec l'âge. Ce n'est pas venu tout seul. J'ai pris la décision de devenir plus accessible.

Pour se bonifier il faut d'abord accepter la mort et la vieillesse. Certains sont enragés contre eux-mêmes parce qu'ils n'acceptent ni la mort ni la vieillesse. Moi, je n'ai plus envie d'avoir vingt ans d'aucune façon. J'ai beaucoup plus de plaisir maintenant. Je suis plus serein et tellement mieux dans ma peau. Il me manque seulement l'énergie débordante de ma jeunesse.

*La vieillesse ne vous fait pas peur?*

J'ai 48 ans et je trouve ça extraordinaire de vieillir. La vie est tellement fragile que je me considère chanceux d'avoir vécu aussi longtemps. Chaque journée qui s'ajoute est un don.

J'aime vieillir et l'âge ne m'effraie pas car je me sens de mieux en mieux. La sérénité est venue récemment et il n'y a plus grand chose qui me dérange. La majorité de mes problèmes sont disparus et il n'y a plus rien qui m'humilie. Réussir sa vie c'est mourir en étant bien dans sa peau.

*Pourtant votre réputation d'homme arrogant demeure.*

Pendant longtemps elle était fondée. Aussi loin que je me rappelle j'ai toujours été froid et bête avec les gens, sauf évidemment dans les assemblées politiques. Quand je n'étais pas de bonne humeur, je prenais ma gueule d'enragé et tout le monde s'éloignait. Je savais que j'étais bête mais je n'étais pas conscient jusqu'à quel point je n'étais pas correct. Je l'ai réalisé un 24 juin dans le Vieux Montréal. Les gens venaient me parler et j'étais très froid pour ne pas dire glacial. Un ami qui m'accompagnait m'a ouvert les yeux; il me trouvait «écœurant» d'envoyer promener des gens qui m'aimaient. Depuis ce temps, je fais attention.

Je suis encore froid et cassant, surtout au téléphone. Il y a une série de formules de politesse que je n'arrive pas à insérer dans mon vocabulaire. La plupart des gens n'acceptent pas la vérité. Ils me demandent s'ils me dérangent et si je dis oui, ils m'en veulent. Ou encore ils me demandent comment ça va et si je réponds «mal» ils disent que je suis bête.

A vingt ans j'étais véritablement inaccessible, même pour mes meilleurs amis. Cependant avec les années je me suis bonifié.

---

*Je l'ai vu être très arrogant, particulièrement avec les membres du RIN. Il était beaucoup plus arrogant que distant.*
                                              Andrée Ferretti

> *Quand il se déchaînait contre quelqu'un c'était une*
> *manifestation de son mal-être.*
>
> René-Homier Roy

## *Pourquoi cette agressivité?*

Il y avait deux choses qui m'angoissaient profondément: l'homosexualité et l'injustice. Il n'y en a maintenant plus qu'une: l'injustice.

Je vivais avec mon homosexualité vingt-quatre heures par jour et c'était pénible pour ne pas dire invivable. Je voulais que mon agressivité paraisse. J'avais des frustrations épouvantables et ces frustrations demeurent éternellement. Je trouvais injuste d'être homosexuel; à l'époque ce n'était pas accepté comme aujourd'hui.

La différence est difficile à avouer. L'homosexualité est un comportement différencié par rapport à la majorité et ça dérange toujours. Tout ce qui est différent agace et il ne faut pas le crier trop fort. J'ai eu beaucoup de difficulté à accepter mon homosexualité; c'est la première fois que j'en parle publiquement.

Il y a aussi beaucoup de discrimination envers les homosexuels. J'ai eu l'avantage d'être dans un milieu plus tolérant et je n'ai jamais souffert de discrimination en tant que telle; je n'ai jamais perdu d'emploi à cause de mon homosexualité. S'il y avait eu un mouvement quand j'étais plus jeune, j'aurais peut-être milité; ça aurait peut-être été ma cause. Mais je ne l'avouais pas, même si tout le monde le savait. J'étais le seul à penser que personne n'était au courant. J'ai accepté mon homosexualité très tard, vers la fin de la vingtaine. Ce fut pénible.

J'aurais été prêt à n'importe quoi pour me libérer de mon homosexualité. J'ai même failli me marier. Heureusement j'ai eu un sursaut de survie trois semaines avant le mariage et j'ai renoncé.

---

*Pierre aime les familles. Ça lui manque beaucoup de ne pas en avoir une.*

Guy Fiset

---

Ça m'a beaucoup manqué de ne pas avoir de famille. Ce n'est plus tant la famille qui me manque que la relation filiale. Je n'ai pas envie de responsabilités familiales et je n'aurais pas voulu qu'une famille ait de l'emprise sur moi. Je suis «familial» mais en dehors des cadres familiaux que je ne pourrais pas supporter.

Plus jeune, j'ai eu envie d'avoir des enfants comme tout le monde. Une fois mon homosexualité acceptée, ce désir s'est évanoui.

Tout compte fait, je n'aime pas les enfants. Je m'intéresse à eux seulement à partir de l'âge de douze ou treize ans, c'est-à-dire quand je peux avoir des relations d'intelligence avec eux. Je ne serais peut-être pas un bon parent. Cependant je suis certain que si j'avais des enfants je les aimerais.

---

*Pierre est très tendre avec les enfants. Il sait leur parler et les intéresser. Quand il dit ne pas aimer les enfants, c'est une carapace qu'il se donne. Il est peut-être déçu de ne pas en avoir.*

Andrée Ferretti

---

Je m'adapte bien aux enfants tout comme je m'adapte bien aux êtres en général. Sauf que j'ai beaucoup de réticences envers les jeunes enfants; ils me fatiguent. Cela ne m'empêche pas d'être gentil avec eux, de les prendre dans mes bras, de les serrer. Beaucoup de gens n'aiment pas les enfants et n'osent l'avouer parce que c'est une chose qui ne se dit pas.

*Vous avez quand même deux filleuls.*

C'est parce que je crois beaucoup à l'institution du parrainage. Je crois même que ça devrait être une institution civile. Je suis parrain des enfants de mes amis et pour moi, c'est quelque chose de très sérieux. Je suis peut-être un parrain négligent mais s'il arrivait quelque chose aux parents je serais là et je remplirais certainement mon rôle.

---

*Bourgault avait besoin d'une famille et il la retrouve à l'université. Il s'intéresse beaucoup aux étudiants et réussit à établir une bonne communication avec eux.*
Jean-Pierre Desaulniers

*L'enseignement est un virage important dans sa vie.*
André Guérin

---

*Au module de communication de l'UQAM vous avez trouvé une famille et la sécurité matérielle. La sérénité n'a-t-elle pas coïncidé avec votre entrée à l'université?*

La sérénité est surtout venue parce que la mémoire oublie. Je pense maintenant à mon bien-être, je fais des travaux que j'aime, à mon rythme et quand ça me tente. Ma solitude c'est aussi beaucoup d'égoïsme.

Par ailleurs, l'université m'a littéralement sauvé la vie sur le plan matériel. L'enseignement a complètement changé ma vie. Je suis devenu en quelque sorte un franc-tireur de l'indépendance.

Comme professeur je suis au paradis. C'est un milieu que j'aime et dans lequel je me sens bien. J'adore enseigner et j'ai du plaisir avec les étudiants; j'ai l'impression de leur apprendre quelque chose.

L'université est un milieu privilégié parce qu'il permet de rester en contact avec les jeunes. Les étudiants ne laissent pas leurs professeurs croupir dans leurs idées; ils les remettent constamment en question et c'est très sain.

Je me considère chanceux d'avoir été récupéré par l'université. Ce n'est pas seulement un travail; ça va beaucoup plus loin puisque mon travail s'inscrit dans ma réflexion sur la communication. Il y a aussi une liberté académique et je peux faire bien des choses (émissions de radio et de télé, chroniques, etc.) parallèlement à mon enseignement.

*Vous êtes très paternel avec les étudiants.*

Paternel mais non paternaliste. C'est peut-être un transfert. J'aime beaucoup mes étudiants et mes étudiantes. Je pense qu'ils le sentent parce qu'ils viennent me voir quand ils ont des problèmes. Evidemment, mon sentiment de missionnaire fait que je les aide. J'aime ça et je suis bon pour aider les gens mal pris.

*Bourgault est maternel. Il a aidé un très grand nombre de jeunes dans sa vie.*

Jean-Pierre Desaulniers

J'ai toujours été missionnaire, tant dans ma vie privée que dans ma vie publique. J'ai fortement tendance à ramasser aussi bien les animaux égarés que les gens sans foyer. Ma maison a toujours été un refuge de paix et je ne saurais dire combien de personnes j'ai hébergées.

Je résiste difficilement à aider ceux qui souffrent ou ceux qui viennent vers moi en pleurant.

Ma générosité n'est pas toujours la solution. Parfois il vaut mieux résister afin qu'ils apprennent à se débrouiller par eux-mêmes. Ce n'est pas toujours les aider que de les héberger et leur rendre la vie plus facile. Depuis une couple d'années je réussis à résister un peu plus; je ne sais pas si c'est un progrès ou une régression mais j'ai moins envie d'être missionnaire.

Je me suis occupé de centaines de délinquants dans ma vie. Pendant des années j'allais les visiter régulièrement en prison. Je me suis fait volé tant et plus. J'en ai réchappé quelques-uns; les travailleurs sociaux n'en réchappent pas plus.

Un jour, je me suis retrouvé en cour avec la mère d'un délinquant. Un vieux juge m'a dit: «Monsieur Bourgault vous êtes habitué aux causes désespérées, alors je vous le confie.»

*Bourgault accepte les gens tels qu'ils sont. Ce n'est pas seulement de la tolérance; c'est une acceptation véritable.*

*Même s'il n'est pas d'accord avec les autres, il les respecte.*
                                                    Louise Fiset

*Votre attitude de missionnaire contraste étrangement avec votre misanthropie.*

J'aime le monde et je hais le monde. Je suis très misanthrope et très chaleureux; je suis misanthrope comme Alceste.

Ma misanthropie s'exprime surtout chez moi. Je reste seul. Je suis pessimiste pour la nature humaine car elle évolue très lentement et les humains sont des êtres faibles. Finalement, ce qui me rend misanthrope c'est de constater à quel point je suis comme tout le monde.

J'ai une misanthropie foncière mais je suis un être social. Dans un groupe j'essaie d'être agréable. Je suis sociable seulement à l'université et avec quelques amis. La misanthropie vécue offre un certain plaisir.

J'évite d'exprimer ma misanthropie en public. Je fais plutôt des pirouettes au lieu des discours. Avant je faisais la morale et je culpabilisais les autres, ce que je fais de moins en moins. Quand je constate une faiblesse, je fais une pirouette et je m'en vais.

*Sa misanthropie c'est sa protection. Il protège son bien-être pour rester ce qu'il est.*
                                                    André Guérin

*Bourgault défend et respecte ses principes. Il est moral.*
                                                    Claude-Yves Charron

La définition la moins fausse de moi c'est que je suis un moraliste. Et j'aime ça. J'essaie cependant d'éviter d'être moralisateur. Je ne veux pas faire de leçon aux autres. Souvent j'ai fait des sermons au lieu des discours. En public ce n'est pas très grave mais en privé c'est catastrophique de culpabiliser les gens.

Je suis moraliste parce que la principale partie de ma vie consiste à réfléchir sur ce que je fais ou sur ce que les autres font autour de moi et à tenter d'en tirer une morale beaucoup plus qu'une politique, une façon de vivre beaucoup plus qu'une organisation de la vie.

La morale est indispensable à chacun. Elle seule empêche les humains de s'entretuer. Je crois profondément à la morale. Cela doit venir de mon père car mon frère est tout aussi moraliste que moi.

# 2

## DE L'IDENTITÉ

*Et si nous parlions un peu de votre famille...*

Je n'ai pas vraiment connu mes parents et encore moins la vie de famille. Quand on est pensionnaire pendant onze ans, il reste peu de souvenirs de famille! Mes parents venaient me visiter de temps en temps au collège et quand je retournais à la maison pendant les vacances je m'ennuyais beaucoup. Comme nous nous connaissions peu les uns les autres, ça ne pouvait pas être chaleureux. Mes amis sont beaucoup plus près de moi que ma famille.

Je suis le troisième d'une famille de cinq enfants; j'ai un frère et trois sœurs. C'était une vraie famille québécoise: modeste et catholique. Même s'ils n'avaient pas beaucoup d'argent, mes parents accordaient une grande importance à l'instruction. Ils se sont saignés à blanc pour nous faire instruire. Deux de mes sœurs sont infirmières et l'autre est technicienne en laboratoire; mon frère est ingénieur en électricité.

Nous sommes une famille éclatée, dispersée. Comme il y avait peu de ressources dans notre village, nous avons étudié dans des institutions différentes pendant notre enfance. Mon frère vit maintenant à Chicago, une de mes sœurs dans l'Etat du New-Hampshire et l'autre à San Francisco; seule la plus jeune habite à Montréal. Nous sommes toujours heureux de nous retrouver mais les occasions sont rares. Nous avons des vies très différentes l'un de l'autre et mes parents sont tous les deux décédés: mon père il y a cinq ans et ma mère il y a un peu plus d'un an.

*Est-ce que vos parents étaient originaires des Cantons de l'Est?*

Non. Mon père venait d'une famille de fermiers de Saint-Jude, petit village situé près de Saint-Hyacinthe et ma mère était franco-américaine.

Mon père était assez riche mais il a tout perdu dans le crash de 1929, son argent et son emploi d'administrateur à la Brompton Pulp. Quand je suis né, il occupait un emploi de fonctionnaire: registrateur à Cookshire, petit village situé à quelques milles de East Angus. Mes parents ont habité Cookshire jusqu'à la fin de leur vie.

---

*Pierre avait une grande pudeur de sentiment envers sa famille.*
*Il avait un respect filial très profond pour ses parents.*
*D'ailleurs il les vouvoyait.*

Jean Décary

---

*Quelle image avez-vous conservée de vos parents?*

Mon père et ma mère formaient un couple exemplaire. Ils ont connu une belle vieillesse ensemble.

J'ai conservé des images assez vagues de ma mère. Elle était très aimante et trop autoritaire comme toutes les femmes de cette époque. Pendant plusieurs années elle a été malade et ça la rendait un peu acariâtre. Je la revois dire à mon père quand il mangeait sa soupe «Albert sape pas» sur un ton qui n'invitait pas à la réplique. Vers la fin de sa vie elle a retrouvé la santé et s'est épanouie.

L'image de mon père est beaucoup plus vivace. C'était un homme de principes. Il était à la fois très bon, très effacé et avait une très grande pureté d'intention. C'est assurément l'homme le plus honnête et le plus juste que j'ai connu. Il a souvent été exploité.

Comme dans toutes les sociétés colonisées, mon père ne parlait pas et ma mère avait beaucoup de pouvoir; c'est elle qui réglait tout dans la maison.

*Vous êtes né à East Angus le 23 janvier 1934 mais avez surtout habité Cookshire. A quel moment vos parents ont-ils déménagé?*

J'avais neuf ans quand nous avons déménagé. Même si la distance entre East Angus et Cookshire n'était que de six milles, le trajet était très pénible pour mon père, particulièrement pendant l'hiver. C'est pourquoi mes parents ont déménagé.

Nous avons été la première famille canadienne-française à nous établir à Cookshire. A cette époque les francophones étaient difficilement acceptés et nous avons dû habiter à l'hôtel pendant trois mois parce que personne ne voulait nous louer une maison. Même le curé en avait parlé dans son sermon du dimanche.

*Cette injustice vous a sans doute marqué?*

Oui mais surtout pas de la façon que vous croyez. Une journaliste anglophone a déjà vu dans cet incident l'origine de toute ma vie politique. C'est ridicule. A ce moment je n'étais pas éveillé à cette forme d'injustice. Non seulement je n'en ai pas souffert mais j'ai adoré vivre à l'hôtel. Nous espérions que nos parents ne trouvent jamais de maison. La vie d'hôtel pour un enfant de neuf ans c'est extraordinaire. J'adorais la propriétaire, Madame Osgood. Tous les jours elle jouait de l'orgue et c'était merveilleux. C'est un de mes plus beaux souvenirs d'enfance.

*Bref, vous avez peu de souvenirs d'enfance.*

J'en ai effectivement très peu. Mon enfance est très lointaine. A vrai dire, je n'ai pas eu d'enfance. Je suis né vieux. Aussi loin que je me rappelle j'avais envie d'être un adulte. Toute ma vie je me suis imaginé comme un beau vieillard. Pourtant j'ai eu une enfance normale si on exclut le pensionnat. Je n'ai connu aucun drame ou événement traumatisant.

J'ai été un enfant et un adolescent angoissé. Enfant, j'étais très petit et très maigre ce qui me fatiguait beaucoup. Ce n'est qu'à l'adolescence que j'ai atteint une taille normale. De plus, j'acceptais mal d'avoir les cils blancs. Les différences sont toujours difficiles à accepter.

*Vous êtes albinos?*

Non, vitiligo. C'est l'absence de la pigmentation de la peau. C'est différent de l'albinos car il n'y a aucun effet secondaire tels les problèmes de vision dont souffrent les albinos. Ça n'a aucune conséquence sur la santé à l'exception que je brûle au soleil en dix minutes. C'est héréditaire mais je suis le seul dans la famille comme ça.

A partir de 30 ans j'ai accepté cette différence et maintenant je n'y pense jamais. Avec mes cheveux blancs je trouve que ça me fait une belle tête.

Ce n'était que l'une de mes angoisses. J'avais surtout des angoisses existentielles. Comme tous les enfants intelligents je me posais mille questions auxquelles je ne trouvais pas de réponse. Je me faisais des fantasmes mystiques.

*A quel âge avez-vous quitté la maison familiale pour le pensionnat?*

A sept ans mes parents m'avaient mis pensionnaire chez les religieuses à Saint-Lambert. La première année j'y étais avec mon frère. Je n'ai pas de souvenirs précis de cette période.

A dix ans, ils m'ont inscrit au Séminaire de Sherbrooke dans la classe d'éléments français. J'étais le plus jeune et le plus petit de la classe. Ce fut une année pénible; j'étais très malheureux et toujours le dernier de la classe. Comble de malheur, j'ai dû passer quarante jours à l'hôpital à cause de la scarlatine. Nous étions une trentaine d'élèves à l'hôpital en même temps à cause de cette épidémie. J'ai complètement raté mon année.

L'année suivante je suis entré au Collège Brébeuf. Ma mère tenait beaucoup à ce que j'étudie chez les Jésuites. Pensionnaire chez les Jésuites, ce sont deux choses dont on ne se sort jamais. Je n'ai pas détesté le pensionnat. Au début je trouvais ça difficile mais je m'y suis fait. Cependant je suis resté marqué par le fait d'avoir vécu sans territoire pendant onze ans et de ne pas avoir connu la vie de famille.

*Est-ce que vos parents rêvaient d'une carrière particulière pour vous?*

Non, je ne les ai jamais entendus nous suggérer des professions ou des carrières. Mes parents voulaient surtout que leurs enfants soit instruits. Je sais que ma mère aurait aimé avoir un pianiste dans la famille. Elle était un peu déçue quand j'ai abandonné mes cours de piano mais elle ne nous a jamais poussés vers une carrière en particulier, ni moi ni ses autres enfants.

Evidemment elle n'était pas d'accord que je choisisse le théâtre parce que je ne pouvais pas gagner ma vie avec ça.

*Comment ont-ils réagi lorsque vous avez commencé à faire de la politique?*

Ma mère détestait la politique. Elle considérait la politique ingrate et souffrait beaucoup de me voir massacré par mes adversaires. Je me souviens d'une grande lettre qu'elle m'avait écrite pour me convaincre d'abandonner la politique. Elle disait «laisse la politique car ils te détestent tous les deux». J'ignorais tout d'abord de qui elle parlait. En poursuivant ma lecture j'ai compris qu'il s'agissait de Trudeau et de Lévesque.

Quand elle voyait à la télévision que j'avais été arrêté dans une manifestation, elle se demandait si je n'étais pas un bandit. Elle ne m'a pas entendu parler plus de deux ou trois fois en public.

Par contre mon père, sans rien dire, était heureux que je sois en politique. Il en avait déjà fait avec Henri Bourassa jusqu'à ce que ma mère réussisse à le convaincre d'abandonner ses activités. J'ai l'impression que ma vie de militant représentait pour lui tout ce qu'il avait été obligé d'abandonner.

*Pendant vos premières années au Collège Brébeuf vous avez*

*connu une grande période mystique.*

Je dirais même une période hystérique. Ça a duré trois ou quatre ans. Il y avait beaucoup de conditionnement dans tout cela. En plus d'être dans un milieu très religieux je traversais ma crise d'adolescence. Je lisais la vie des saints et j'y croyais jusqu'au bout. Je m'étais embarqué là-dedans comme dans tout, c'est-à-dire avec passion. La religion ne me suffisait pas, il me fallait la sainteté. Je ne voulais pas être curé, je visais la papauté. J'aurais voulu me faire ermite ou devenir missionnaire. D'ailleurs j'ai encore un côté ascétique et masochiste. J'allais à la messe tous les jours et je sentais le curé. J'étais le premier en religion, en grec et en latin. Ce fut une période de grand déchirement.

Je ne me souviens pas d'avoir fait quoi que ce soit de spécial mais c'est une période d'hystérie que je ne peux renier. Tout à coup j'ai commencé à douter et j'ai conclu rapidement qu'il n'y avait rien. J'en suis sorti aussi vite que j'y étais entré. Je n'ai pas eu de chemin de Damas. Je suis d'abord devenu agnostique ce qui était une position très confortable et très vite après, je suis devenu athée. Je ne me suis plus posé de questions à ce sujet; c'est complètement sorti de ma vie.

---

*Soudainement Pierre s'est révolté. Il a changé du tout au tout et on ne le reconnaissait plus.*

Yves Massicotte

---

Pendant l'année de rhétorique ce fut le revirement total et la révolte. Ma marginalité a commencé à ressortir et je suis sorti des sentiers battus. Ce fut l'éclatement, une période d'auto-destruction doublée d'une construction. Je me cherchais. Chouchou des professeurs pendant les premières années, je suis devenu le mouton noir. C'était aussi le dédoublement; très tôt je me suis vu agir.

Tout à coup j'ai commencé à aimer le jazz. J'aimais cette musique passionnément. Au Collège c'était difficile d'écouter des disques de jazz et j'en entendais rarement. J'ai plutôt découvert le jazz dans les livres. Je lisais tout ce que je pouvais trouver sur le sujet et j'en parlais abondamment au grand désespoir des professeurs. Voulant m'acculer au pied du mur, le Père Raymond m'avait demandé de donner une conférence sur le jazz. Ensuite il m'a reproché mon manque de rigueur. Selon lui, mon argumentation n'était pas assez solide, pas assez théorique.

---

*Pierre a toujours eu son franc parler au Collège et surtout il riait beaucoup; il avait le don de se faire des amis. Aussi, il rêvait de théâtre et nous nous amusions beaucoup à monter des spectacles comiques.*

Yves Massicotte

---

*Est-ce que certains Jésuites ont eu une influence sur vous?*

Le Père Paul Laramée, préfet de discipline, est celui de qui je me souviens le mieux. C'était un homme généreux, juste et intelligent. Il a été mon premier adversaire de taille. Il me comprenait bien et nous nous respections mutuellement.

*Robert Bourassa était au Collège Brébeuf en même temps que vous. Est-ce que votre amitié avec lui date de cette époque?*

Bourassa était une année avant moi et je ne l'ai pas vraiment connu car il y avait peu de communication entre les différents niveaux. Je l'ai rencontré pour la première fois lors d'un débat sur l'économie à Bedford, en 1967.

A Brébeuf j'étais dans la classe de Yves Massicotte. Nous avons fait beaucoup de théâtre ensemble. J'ai commencé à rêver de théâtre vers douze ou treize ans. Je participais à toutes les petites pièces qui étaient montées au Collège. Le théâtre était ma grande passion.

Massicotte était le chef du théâtre. Il m'avait convaincu qu'il fallait faire du ballet et de l'escrime pour apprendre à bouger sur scène. C'est ainsi que j'ai pris des cours de ballet pendant six mois. J'étais totalement ridicule. J'aime beaucoup la danse mais le ballet exige de la discipline et tout effort physique me répugne.

L'escrime n'a pas été un grand succès non plus. Le professeur Desjarlais de la Palestre nationale voulait nous apprendre la technique alors que seul le spectacle nous intéressait. Massicotte et moi voulions faire des batailles de mousquetaires comme au cinéma.

*Vous avez aussi suivi un cours d'officier de l'armée pendant vos études?*

A Brébeuf, comme dans tous les collèges classiques, on offrait un cours d'officier. Il s'agissait d'un cours théorique qui nous garantissait un emploi d'été. A l'époque on ne pouvait trouver mieux comme emploi d'été car nous étions nourris, logés et habillés. Le premier été nous allions trois mois à la Citadelle de Québec et l'été suivant, à Shilo au Manitoba.

J'étais au Manitoba avec Jacques Godbout. Nous étions cinquante Canadiens français dans un groupe de trois mille soldats. Heureusement, le commandant Ménard qui est devenu Général par la suite, nous protégeait; il était très nationaliste.

Je m'entendais bien avec Godbout. Nous avions développé une bonne complicité. Nous étions tellement différents des autres que les Anglais disaient: il y a Bourgault, Godbout et un groupe de Canadiens français.

*Avez-vous conservé un bon souvenir de votre séjour dans l'armée?*

L'armée c'est relativement amusant en temps de paix. C'est extraordinaire de pouvoir tirer au canon quand il n'y a aucun danger de tuer. J'étais très doué pour le tir au fusil et au canon; mon tir était rapide et précis. J'ai même remporté un concours de franc-tireur.

J'aimais beaucoup les manœuvres et surtout ce qu'on appelait la «precision drill». J'aime le rythme et marcher sur la musique me comblait. D'ailleurs j'ai toujours aimé les parades; pour moi c'est quelque chose de tout à fait merveilleux.

J'ai obtenu un diplôme d'officier; je suis devenu sous-lieutenant. J'ai même reçu un papier de la Reine attestant que je faisais partie de la sous-réserve de l'armée.

Quand je suis devenu militant au RIN, j'ai déchiré mon diplôme d'officier à quelques reprises. Je le recollais pour avoir le plaisir de le déchirer à nouveau. Finalement je l'ai jeté.

Je me souviens entre autres l'avoir déchiré lors d'une manifestation au Monument des Patriotes. Diefenbaker était très insulté et il avait fait rayer mon nom de la liste de la sous-réserve.

*A Brébeuf vous étiez parmi les élèves les plus brillants.*

Jusqu'en rhétorique j'ai toujours été premier de classe sans trop savoir comment; je n'avais aucune méthode de travail, aucune organisation. En rhétorique je me suis aperçu qu'il ne suffisait pas d'être intelligent pour réussir; il fallait aussi travailler et puisque je ne savais pas comment, je suis devenu très négatif. En Philo 1 je ne savais plus comment m'en sortir et à Noël j'ai coulé mes examens. J'ai été obligé de quitter le collège à la suite de cet échec. Aujourd'hui je crois que j'avais dû faire exprès, consciemment ou inconsciemment, pour couler mes examens.

*Vous n'étiez pourtant pas le seul à essuyer un tel échec?*

Si je me rappelle bien, vingt-huit élèves sur quarante-deux ont échoué au premier semestre. Les autorités m'ont accusé d'avoir entraîné les autres. Ce fut la première accusation sérieuse et l'une des plus graves à être portées contre moi. Je ne me souviens pas de ce que j'avais dit ou fait; j'ai peut-être fait campagne contre les examens en disant que ça ne valait rien, je ne sais plus. J'avais certainement dû exercer une mauvaise influence sur quelques autres étudiants pour que l'on m'accuse ainsi.

Quand j'ai quitté le collège, je riais. C'était sans doute une façon de surmonter mon angoisse. Je voulais faire du théâtre, je ne rêvais que de ça.

*Avez-vous réussi à décrocher des rôles dans les mois qui ont suivi?*

En 1952 il y avait bien peu de rôles. Le théâtre commençait à Montréal et c'était essentiellement du théâtre religieux. J'ai fait partie des Jongleurs de la Montagne du Père Legault. J'ai joué dans quelques spectacles avec eux dont *Antigone*, et *le Chemin de la Croix* de Ghéon. J'aimais ça, sans plus. Je n'ai jamais eu de grand rôle mais j'étais content car c'était l'aspiration de tous les comédiens de jouer avec le Père Legault. Cependant, le théâtre religieux ne m'attirait pas particulièrement.

J'ai consacré beaucoup de temps à des projets de théâtre qui ont avorté. Je ne faisais pas beaucoup de théâtre mais j'en rêvais vingt-quatre heures par jour.

Evidemment je ne pouvais pas vivre de ça. Parallèlement j'avais toutes sortes d'emplois. Entre autres, j'ai été commis à la banque Toronto Dominion, commis au crédit chez A. Gold and Son, etc. Je ne restais pas plus de trois mois à chaque endroit. Ça ne marchait jamais parce que je n'avais pas envie de faire ça; je travaillais uniquement pour survivre.

---

*Il n'était pas très heureux avec les Jongleurs de la Montagne. Nous avions plusieurs projets ensemble dont celui de fonder notre troupe de théâtre.*

Yves Massicotte

*Je n'ai jamais compris pourquoi il n'a pas poursuivi sa carrière de comédien. Il avait beaucoup de talent. Je l'ai vu dans* Antigone *et il réussissait facilement à toucher les cordes sensibles des spectateurs.*

Jacques Godbout

---

*Le théâtre offrant peu de débouchés, vous vous êtes tourné vers la radio.*

J'ai travaillé à CHLN (Trois-Rivières) avec Lise Payette,

André Payette, Jacques Dufresne, Georges Dor et Raymond Lebrun. Nous sommes tous arrivés à peu près en même temps et nous avons fait du remue-ménage, si bien que six mois plus tard nous sommes tous partis. C'était un groupe extraordinaire et nous avions beaucoup de plaisir ensemble. Aucun d'entre nous n'avait un nom car nous étions tous à nos débuts. J'étais engagé comme annonceur mais je faisais de tout, y compris du reportage et des dramatiques.

Après CHLN, j'ai retrouvé Georges Dor à CHLT (Sherbrooke). Nous faisions ensemble une émission le matin et je me souviens que Georges était toujours en retard.

Pendant ce temps je caressais un grand rêve: celui de rentrer à Radio-Canada. J'ai finalement été engagé comme annonceur à la télévision d'Ottawa avec Raymond Lebrun. Les téléspectateurs ne nous voyaient jamais puisqu'il n'y avait pas de production. Nous étions uniquement des voix. Puis en 1955 je suis revenu à Montréal comme régisseur. J'y suis resté pendant trois ans.

*Apparemment vous étiez un très mauvais régisseur parce que vous essayiez de prendre la vedette...*

C'est vrai. Quand je n'aimais pas le réalisateur je faisais des crises et je quittais le studio. Quand ça allait bien, je faisais des grandes performances, j'amusais les gens et tout le monde aimait ça; nous avions beaucoup de plaisir.

Il faut se rappeler que dans les années cinquante la télévision était en direct et le régisseur avait un rôle important. Aucune erreur n'était permise.

Pendant que j'étais régisseur je rêvais de devenir réalisateur. Mon rêve ne s'est jamais concrétisé puisque j'ai donné ma démission en 1959. Ce fut une décision très impulsive. Je travaillais sur Bobino avec Guy Sanche et une heure avant l'émission je dis à Guy que j'en ai assez de cet emploi. Il me réponds distraitement «donne ta démission». J'ai trouvé l'idée excellente et je suis monté au bureau du personnel pour donner ma démission. Quand je suis revenu quelques minutes plus tard, j'ai dit à Guy: «C'est fait». Il ne savait pas de quoi je parlais et quand je lui ai raconté que je venais de démissionner, il en est resté estomaqué.

*Aviez-vous des projets en quittant Radio-Canada?*

Je voulais faire du théâtre. Je n'étais pas très heureux pendant cette période. Je me cherchais encore. J'ai décidé de partir pour l'Europe; en fait, je me fuyais moi-même. Je suis embarqué sur un cargo avec $500 en poche. Je suis arrêté à Londres pendant quelque temps avant d'aller à Paris où j'ai rencontré Beckett et Ionesco de même que des comédiens québécois, Dyne Mousso et François Tassé. J'ai failli faire du théâtre à Paris. Je faisais partie d'une troupe qui voulait monter une pièce de Shakespeare. Finalement le projet a avorté et je suis revenu six mois plus tard.

De retour à Montréal j'ai fait de la télévision. Je n'ai jamais eu de grands rôles mais pendant une couple d'années j'ai eu plusieurs petits rôles. A un certain moment, ma vie de militant et ma vie de comédien se sont chevauchées.

*Le 10 septembre 1960 le RIN est fondé dans un hôtel de Morin Heights par une trentaine de personnes dont André D'Allemagne (président) et Marcel Chaput (vice-président). Pendant ce temps vous êtes à Montréal.*

Il faut préciser que je ne suis pas un membre fondateur du RIN. A cette époque, je traîne. Je suis toujours un comédien en quête de personnages. Marcel Dubé m'écrit un rôle dans

*Côte de Sable* et je vis tant bien que mal.

Ce n'est que quelques semaines plus tard que j'apprends l'existence du RIN. Vers la fin d'octobre, je déambulais dans la rue lorsque j'ai rencontré tout à fait par hasard le comédien Claude Préfontaine. Il m'invite à l'accompagner chez André D'Allemagne que je ne connais pas. Puisque je n'ai rien à faire, j'accepte. Chemin faisant il me parle de la fondation d'un groupe pour l'indépendance du Québec. Je ne connais rien à la politique et c'est la première fois que j'entends parler du RIN.

Chez D'Allemagne il y a une douzaine de personnes, les fondateurs du RIN. Je n'en connais aucun mais ils me sont sympathiques. Nous discutons une couple d'heures après quoi, il est question de partir tous ensemble pour la fin de semaine au lac Ouareau. N'ayant rien à faire, je les accompagne. Je suis embarqué dans le RIN comme on embarque dans une partie. Mon entrée en politique est accidentelle.

*Vous n'aviez donc jamais rêvé de politique?*

Jamais. Je rêvais uniquement de théâtre. Ceux qui disent que je me voyais premier ministre dans mon enfance sont dans l'erreur la plus totale.

---

*Quand Bourgault est arrivé au RIN, il était un bum sympathique. Il était drôle à mourir, intelligent et surtout disponible. Il s'est greffé spontanément au groupe. Il acceptait toutes les tâches que les autres n'avaient pas le temps de remplir.*

Jean Décary

*Après la fin de semaine au lac Ouareau, votre vie de militant commence très rapidement.*

Effectivement, ça va très vite. Il faut dire que je suis surtout un gars révolté et je trouve enfin ce que je cherchais depuis longtemps, c'est-à-dire un exutoire à ma passion. C'est aussi une façon de canaliser ma bataille contre l'injustice.

Les assemblées se multiplient et j'assiste à toutes. J'aime ça. Je me donne à la cause de l'indépendance à 100 % comme pour tout ce que je fais. Je n'ai jamais rien fait à moitié.

Je suis un bum chic. Je porte des jeans et je sacre mais j'ai fait mes études au Collège Brébeuf. Je me sens bien accepté. Je deviens rapidement président de la section de Montréal.

*Déjà vous vous battiez contre l'injustice.*

Je me suis battu toute ma vie contre l'injustice. L'exploitation des autres est une chose immorale. Je suis implacable sur ce point. Même si en vieillissant je deviens plus tolérant pour les faiblesses humaines, je suis encore plus intolérant que je l'étais pour l'injustice.

J'essaie de ne pas exploiter personne et s'il m'arrive de le faire je suis très malheureux. Je suis contre la censure et contre l'exploitation sous toutes leurs formes et je combats les deux à la fois.

D'ailleurs, c'est pour ça que j'ai fait de la politique: pour passer de la charité à la justice sociale. Il faut travailler pour faire triompher la justice. Au Québec il y a eu de grands progrès pour la justice sociale au cours des vingt dernières années. Si présentement il n'y a pas de révolution, c'est parce qu'il existe une certaine justice. Tout le monde peut manger, se faire soigner, avoir un logement. Ceux qui disent qu'il y aura toujours des pauvres se servent de ce prétexte pour ne rien faire. Il faut les dénoncer.

*Bourgault est un homme profondément juste et il a un grand souci de justice sociale.*

André Guérin

*Vous accordez aussi une grande importance à la charité.*

Quand on est jeune on se bat pour la justice et on crache sur la charité. En vieillissant je m'aperçois qu'il y a seulement la charité qui peut nous aider à vivre en attendant que la justice rejoigne tout le monde. La charité peut adoucir la survie de ceux qui souffrent d'injustice.

Et je ne parle pas d'une charité sélective. Il faut plutôt se faire charitable et ne refuser aucune forme de charité. Evidemment on ne peut pas donner à tout le monde. Cependant je ne refuse pas le principe de donner. Je donne plutôt par affinité; je donne à ceux dont les problèmes me touchent le plus.

*Au moment de votre rencontre avec Chaput et D'Allemagne est-ce que vous croyiez à l'indépendance?*

Quand j'ai rencontré les fondateurs du RIN je n'avais pas d'opinion politique. Je ne savais pas ce qu'était l'indépendance. J'ai cependant trouvé l'idée intéressante et j'ai commencé à y réfléchir.

J'étais nationaliste comme tout le monde, sans plus. J'avais fait l'armée alors je disais «les maudits Anglais». D'ailleurs je ne suis pas un vrai nationaliste. Je le suis devenu par obligation, parce que l'injustice me révolte. J'ai conclu que le peuple québécois était exploité parce qu'il parle français. C'est aussi par souci d'internationalisme que je suis devenu nationaliste. On ne peut aspirer à participer à la vie internationale sans exister d'abord chez soi. L'identité est l'essence du nationalisme.

Je n'ai jamais cru au nationalisme comme principe. Je crois seulement au nationalisme de libération, au nationalisme de circonstances. Après la libération, le nationalisme devient quelque chose de folklorique ou de dangereux. Je ne suis pas patriote et le mot patrie n'a pas de résonnance pour moi. Je rêve encore d'un pays sans drapeau et sans hymne national.

*Vous avez pourtant suggéré* Gens du pays *de Gilles Vigneault comme hymne national pour le Québec.*

Je m'explique. Je ne veux pas d'un hymne national avec des résonnances patriotiques style «du sang ennemi abreuvons nos sillons». J'ai suggéré *Gens du pays* parce que c'est un hymne d'amour qui raconte le plaisir d'être ensemble. J'aimerais encore qu'il soit adopté. Lévesque y a pensé à un certain moment. Ça aurait été le premier hymne national d'amour au monde.

*Vous avez souvent répété que vous n'étiez pas patriote. Quel est votre sentiment envers le patriotisme?*

Le patriotisme n'est qu'un sentiment d'appartenance et il ne doit pas dépasser ça. Je ne suis pas attaché à un sol en particulier ni aux frontières. Je ne suis pas de ceux qui embrassent le sol quand ils reviennent dans leur pays. Le sol appartient à tout le monde et la Côte d'Azur me plaît autant que le Québec. Je n'ai pas d'appartenance viscérale. Si j'avais vécu au Sénégal sous le régime français, j'aurais été un nationaliste sénégalais. Le hasard a fait que je suis né ici.

Les patriotes sont des êtres humains comme les autres. Ils ont fait ce qu'ils avaient à faire dans les circonstances devant lesquelles ils ont été placés. Je ne crois pas aux héros ni aux choses éternelles. Je crois à la perpétuation d'une œuvre et non aux monuments. Je crois à ce qui est.

Souvent, dans les assemblées on me disait Marx a dit ceci ou cela. Je répondais toujours la même chose: «toi qu'est-ce que tu penses?» J'ai un grand avantage sur Marx, je suis vivant. J'ai toujours cru que l'homme n'est grand que vivant. Le militant dans un parti est beaucoup plus important que les grands penseurs parce qu'il est vivant. On peut commettre les pires crimes au nom des héros. J'accepte seulement les héros en face de moi, quand j'ai le pouvoir de les discuter.

*N'avez-vous pas écrit une pièce de théâtre sur le patriotisme?*

Pas vraiment. *Les honorables* est une pièce sur l'honneur et la foi. Elle vise à démontrer que l'honneur est un sentiment faux. L'action se déroule en 1837 et nous fait voir que les patriotes sont des êtres humains comme les autres, avec leurs faiblesses et leurs conflits.

Cette pièce n'a jamais été jouée. Je l'avais écrite en 1959 parce que Jacques Zouvi cherchait une pièce originale. Par la suite, Roland Laroche a voulu la monter à Paris et encore une fois le projet a avorté. En 1958-59 j'ai écrit deux ou trois autres pièces de théâtre en un acte et quatre ou cinq émissions de radio qui n'ont jamais été jouées. Je ne renie pas ces textes sauf qu'ils ne doivent pas être très bons.

*L'assemblée du 4 avril 1961 au Gésu marque vos débuts comme orateur.*

Ce fut mon premier vrai discours. C'était aussi la première assemblée publique du RIN. Nous avions loué la salle du théâtre Gésu alors que le RIN n'avait pas un sou en caisse; le chèque est revenu faute de provision.

Quelques jours avant l'assemblée nous avons réalisé que la finale de la coupe Stanley entre les Canadiens et les Black Hawks de Chicago aurait lieu le même soir. Nous étions convaincus qu'il ne viendrait guère plus de cinquante personnes à notre assemblée mais il était trop tard pour la décommander.

A notre grande surprise, il est venu plus de cinq cents personnes et ce fut une grande réussite.

Marcel Chaput avait fait un discours intitulé «Le Canada français à l'heure de la décision». Il était l'orateur vedette car à ce moment il était entouré de publicité, en partie à cause du fait qu'il travaillait au ministère de la Défense à Ottawa. Comme il fallait un autre orateur, les fondateurs du RIN m'ont dit: «Bourgault tu fais du théâtre, tu devrais être bon pour faire un discours». Je n'ai pas hésité.

J'ai fait un très beau discours sur le thème «Indépendance et humanisme». J'en étais très fier. Il faut dire que j'avais travaillé au moins quarante heures pour le préparer. Il y avait une quantité incroyable de grandes phrases ronflantes; ça ressemblait à du Bossuet. C'était tellement beau que les gens n'osaient pas applaudir. Le lendemain *La Presse* avait publié ma photo avec le bas de vignette «Pierre Bourgault, le poète».

> *En 1961, c'était clair que sa conviction était faite. Il n'avait*
> *aucun doute que l'indépendance s'en venait et rapidement.*
> *Déjà Bourgault avait la passion de persuader.*
>
> Gérard Pelletier

*Aviez-vous déjà fait des discours avant le RIN?*

Je me souviens vaguement de mon premier discours à Granby. J'ai oublié les circonstances; je sais seulement que le maire de Granby assistait à cette assemblée. J'avais 14 ans.

Plus tard, au collège Brébeuf j'ai participé à un concours provincial d'art oratoire. Je me suis rendu en finale et j'ai terminé deuxième avec un discours sur le bilinguisme au Canada. L'art oratoire faisait partie de l'enseignement que nous recevions dans tous les collèges classiques du Québec et les finales avaient lieu au Plateau.

Quand j'étais président du RIN, j'ai revu celui qui avait terminé premier; il me présentait lors d'une conférence à l'Université Laval. J'en ai profité pour démontrer aux étudiants que ça ne sert à rien d'arriver premier.

*Avant le RIN saviez-vous que vous aviez un talent d'orateur?*

Je me trouvais bon. Toutefois je ne savais pas que j'avais un véritable talent pour parler aux foules. L'art oratoire n'existe pas en soi. C'est toujours rattaché à une pratique militante quelconque. Quelqu'un qui n'a pas le goût de militer n'a aucune raison de développer l'art oratoire et ceux qui possèdent ce talent n'ont pas nécessairement envie de militer. Pour devenir un bon orateur il faut avoir une cause à défendre.

*Au début, chaque discours était une épreuve pour lui. Il disait
avoir envie de rire en s'écoutant parler. Après s'être fait jouer
quelques tours il a maîtrisé rapidement son personnage.*

                                                                    Jean Décary

J'écrivais tous mes discours en entier, phrase par phrase. Je
n'avais pas assez d'expérience pour parler sans texte. Et je
lisais de la première à la dernière ligne. Je n'avais pas assez
confiance en moi pour prendre le risque de sauter des
paragraphes. Cela a donné lieu à toutes sortes d'incidents.

Je me souviens de mon deuxième discours à l'Ermitage le 23
mai 1961. Après le succès du Gésu, il fallait remettre ça. Vers
le milieu de mon discours j'avais écrit, dans la fièvre de la
nuit, une espèce de parabole dans laquelle le Québec
devenait une chèvre attachée pendant que l'eau montait. Dès
les premières phrases je me suis bien rendu compte que c'était
mauvais. Je n'avais pas le courage de sauter quelques
paragraphes et je transpirais abondamment. Je ne savais plus
comment m'en sortir. Je l'ai lu jusqu'à la fin tout en étant
parfaitement conscient de nager dans le ridicule.

Par la suite mon style s'est développé naturellement. Un bon
orateur doit avoir un style personnel.

*Dès les débuts on vous a nommé l'orateur du RIN?*

Exactement. Comme orateur je réussissais bien et ça faisait
mon affaire. Mon expérience théâtrale m'était d'un grand
secours et surtout j'aimais faire des discours. Je parlais lors
de chaque assemblée et ça marchait à tout coup.

*Entre vos discours vous faisiez encore du théâtre?*

De moins en moins. J'ai délaissé le théâtre à mesure que je m'impliquais politiquement. Faire des discours me fascinait plus que le théâtre. Non seulement je faisais une performance, j'avais en plus la possibilité d'écrire mes textes; c'était plus complet. Les discours m'ont fait oublier le théâtre assez rapidement et par la suite je n'ai plus jamais rêvé de théâtre. Je n'ai jamais regretté ma vie de comédien.

Il y a quelques années, j'ai joué mon personnage dans une série historique de Radio-Québec *En se racontant l'histoire d'ici*. J'ai détesté cette expérience même si j'avais tout réécrit le texte de mon personnage. Non, vraiment je n'ai aucun regret du théâtre.

---

*Pierre était très bon comédien. J'ai joué avec lui dans Côte de Sable et il avait beaucoup de talent. Il aurait certainement pu faire carrière au théâtre.*

Louise Latraverse

---

*On dit que vous avez perdu votre rôle dans Côte de Sable à cause de votre identification au RIN. Est-ce exact?*

Je ne sais pas. A un certain moment je sais que le commanditaire avait fait des pressions pour que je sois remplacé; Marcel Dubé et Louis-Georges Carrier avaient résisté. Par la suite, je n'ai jamais su exactement ce qui s'est passé. Chose certaine mon rôle a été aboli tout à coup.

---

*Bourgault est avant tout un homme de théâtre. Il exprime sa pensée avec tellement d'accent que ça devient théâtral. Il a le sens de la formule percutante. C'est d'ailleurs ce qui en fait un orateur remarquable.*

                                                   Michel Roy

*Bourgault fait des shows politiques. Il est à mi-chemin entre le politique et le spectacle.*

                                                   Jean Décary

*Pierre parle de ses shows d'orateur dans le jargon technique du spectacle.*

                                                   Louise Latraverse

---

*Même si vos discours se rapprochent souvent de la performance théâtrale, vous acceptez mal que l'on vous considère comme un homme de théâtre...*

Bien sûr je fais du théâtre! Je n'ai pas le choix. N'importe quel individu, seul sur une scène, est en représentantion; ce n'est pas péjoratif. Se retrouver devant 2,000 ou 5,000 personnes c'est déjà du spectacle; on n'y peut rien. Je ne fais pas plus de théâtre que René Lévesque ou Pierre-Elliott Trudeau. Ce qu'il faut discuter c'est la qualité du fond de la représentation. Et je pense avoir du fond.

Quand Michel Roy dit que je suis un homme de théâtre, ça l'arrange bien. Ainsi, il peut éviter de discuter mes idées.

Au début j'étais flatté quand on me complimentait sur mon éloquence. Aujourd'hui ça m'agace un peu. Je réponds habituellement «je dis aussi quelque chose». Bien parler est une barrière. C'est comme la belle fille dont on ne voit que la beauté. C'est le piège de l'esthétique et finalement le piège de ma vie. C'est ce qui fait qu'on me réduit au théâtre et qu'on oublie d'écouter ce que je dis.

La force d'un orateur n'est pas uniquement de bien parler ou de faire un bon discours. Il faut encore que ses discours soient efficaces. C'est possible de faire un bon discours sans rien dire une fois. C'est impossible d'en faire des centaines et de répondre aux questions si le fond n'est pas solide. Ça prend des connaissances énormes pour répondre efficacement à toutes les questions dans les assemblées. Quand j'étais dans l'action politique j'étais documenté sur tous les sujets, je savais des tas de chiffres par cœur. Mon discours politique était cohérent et très solide. De plus, pour être efficace en public, il faut avoir fait des choses. Quand on peut dire «je l'ai fait» c'est un grand argument de conviction.

J'ai répété le même discours toute ma vie. Si je pouvais retrouver le discours du 4 avril 1961, tout était là. Avec le temps, la manière de dire a évolué, mon discours s'est raffiné et s'est approfondi mais le fond n'a pas changé.

---

*Bourgault c'est avant tout le charme de la parole. Il a tout du grand orateur: le timbre de voix, le panache et le dépouillement des mots. C'est le plus grand orateur que j'ai rencontré dans ma vie.*

Marcel Chaput

*Pierre possède une grande vivacité d'esprit et le sens de la formule. C'est un verbal.*

Gérard Pelletier

---

*Vous êtes généralement reconnu comme le meilleur orateur qu'ait connu le Québec depuis Henri Bourassa. Que pensez-vous de cette affirmation?*

Je suis le meilleur orateur et je le sais. Ce n'est pas de l'orgueil. Je sais exactement ce que je vaux. C'est la réussite qui permet de mesurer le degré véritable de ses compétences et de ses mérites. La confiance en soi est faite d'humilité. Ce paradoxe est souvent mal compris.

Il y a des gens qui s'imaginent être bons dans tout et en définitive ils ne font rien de bien. Je sais que je suis un bon orateur et je sais aussi que je suis un très mauvais administrateur. Je crois me connaître et je n'ai aucune difficulté à avouer mes erreurs, mes points faibles et mes défauts. A l'occasion, il m'arrive encore d'être un peu baveux mais je suis aussi très humble. Quand je ne sais pas faire quelque chose, je refuse de le faire.

Ça aide à vivre de savoir qu'on est le meilleur dans quelque chose.

Pour moi, faire des discours n'était pas seulement une pratique politique. C'était aussi créer une œuvre car je considère l'art oratoire comme un art véritable. Et je crois avoir contribué à améliorer cet art. Mes discours sont des œuvres parlées; il ne faudrait surtout par les écrire parce que ça les tuerait.

*En plus d'être excellent sur une scène vous avez su vous adapter aux autres moyens de communication.*

Je ne suis pas seulement un bon orateur; je suis aussi un bon communicateur. Je m'adapte instinctivement à tous les moyens de communication. Sur scène, à la radio, à la télévision ou devant une classe je m'adresse à chacun des individus. Pour moi, une classe c'est 25 individus que je peux nommer.

De plus, je suis un bon communicateur parce que j'ai l'amour et le respect de la langue. Je suis fasciné par le procédé d'expression. J'ai du plaisir à trouver le mot juste, la nuance exacte, la clarté et la précision les plus absolues. J'ai du plaisir à trouver une formule pour expliquer ce que d'autres mettent trois pages à exposer. Tous les problèmes de communication me fascinent.

Présentement nous avons toutes sortes de moyens de communication et j'entends régulièrement les gens se plaindre d'être incapables de communiquer. Malgré tous les progrès technologiques, la communication reste encore ce qu'il y a de plus difficile. Elle demeure un des problèmes insolubles, une des angoisses existentielles de l'être humain chez qui il y a une rage de communiquer.

Toute ma vie j'ai fait des efforts pour améliorer ma langue parlée afin qu'elle soit encore plus claire. Quand on fait métier de se servir d'une langue c'est un minimum de l'apprendre.

*Vous avez toujours pris position contre le joual.*

Le joual est une langue incomplète et incapable d'abstraction. Je comprends qu'on ait eu dix ans de joual au Québec; ça fait partie de nous. Cependant, pour rejoindre du monde, il est nécessaire de se faire comprendre. La langue est une norme et c'est ce qu'il y a de moins révolutionnaire.

Je me souviens d'une assemblée dans une petite salle sur la rue Maisonneuve. Un militant m'avait reproché de trop bien parler. Avant même que j'aie eu le temps de répondre, un ouvrier s'est levé en disant «si vous parliez comme moi je m'en irais chez nous. J'aime ça entendre bien parler».

Je n'ai jamais fait de populisme langagier. J'ai toujours parlé de la même façon, que ce soit devant des ouvriers ou devant des intellectuels. D'ailleurs les ouvriers acceptent très mal que les intellectuels fassent un effort pour parler comme eux. Ils se sentent méprisés et trompés. Un orateur doit nécessairement s'exprimer mieux que ceux qui n'ont pas besoin de la langue pour gagner leur vie.

*Michel Roy a déjà écrit que vous deviez même vous surprendre certains jours d'être aussi bon.*

Je ne me surprends pas d'être bon en public. Je sais pourquoi je le suis: je travaille très fort. Je prépare chacune de mes interventions. Je ne fais pas de stratégie politique mais par contre, je fais de la stratégie de communication.

Avant une entrevue à la radio ou à la télévision, j'imagine toutes les questions, toutes les possibilités. Quand on a le culot de se présenter en public et de dire aux autres comment penser, se préparer est un minimum de respect. Je me fais rarement prendre au dépourvu.

Chacun des discours que j'ai fait a été préparé soigneusement. J'élaborais un plan et tout mon discours était organisé dans ma tête avant que je commence à parler.

*Vous est-il déjà arrivé de vous laisser emporter par l'enthousiasme de la foule et d'aller trop loin, de dépasser votre pensée?*

Personne ne dépasse jamais sa pensée. C'est un non-sens. On peut choisir le mauvais moment pour faire une déclaration ou encore on peut mal s'exprimer mais comment dépasser sa pensée?

Je n'ai jamais été plus loin que ce que j'avais prévu. Les foules me laissent complètement froid. Que les gens applaudissent ou qu'ils fassent n'importe quoi, je suis tout seul dans mon affaire sur une scène. Même si la foule est déchaînée, je ne déroge jamais du discours préparé, je n'y ajoute rien. Je suis très discipliné sur ce point. J'ai acquis une bonne maîtrise de mon métier et ça ne m'énerve pas du tout. Pendant que je parle, je sais tout ce qui se passe dans la salle.

Je n'ai jamais perdu la tête. Tout ce que je dit en public a été réfléchi. Je n'improvise jamais. Même les bêtises que j'ai l'air de dire ont été préparées.

---

*Bourgault était un chef charismatique capable de soulever les foules et de provoquer l'enthousiasme, un enthousiasme qu'on n'a pas revu depuis.*

Marc Lavallée

---

L'enthousiasme des foules c'est bon mais on ne sait jamais jusqu'où ça peut aller. Quand la foule entre en transe collective, tout peut arriver. C'est peut-être pour ça que Lévesque a eu peur de moi. C'est peut-être aussi ce qui m'a donné une image de fanatique. Je ne suis pas fanatique mais je peux provoquer le fanatisme.

J'ai un grand pouvoir sur les foules et je peux les culpabiliser facilement. C'était un de mes points forts. Au début je l'ai fait instinctivement et par la suite, je me suis aperçu que c'était efficace. Le sentiment de culpabilité est un des meilleurs moteurs de l'action. Se sentir coupable de ne pas avoir fait quelque chose est une raison pour le faire. A l'occasion c'est bon de faire réaliser aux militants que s'ils avaient eu le courage de faire ceci ou cela, nous serions rendus plus loin.

*En tant qu'orateur connaissiez-vous le trac?*

J'ai connu le trac lors de mes premiers discours et très rarement par la suite, sauf dans des circonstances exceptionnelles.

J'ai connu le plus grand trac de ma vie lors d'une assemblée au Centre Paul-Sauvé, deux semaines après les élections de 1966. J'étais épuisé physiquement, je n'avais plus rien à dire et j'avais l'impression que je ne pourrais plus jamais faire de discours. J'étais contre l'idée de cette assemblée mais on l'avait organisée quand même. Je n'avais pas le choix, il fallait que j'y aille.

J'avais essayé sans succès de préparer un discours et je me suis retrouvé devant 3000 personnes en délire. Heureusement il y avait d'autres orateurs avant moi. Ce fut un cauchemar épouvantable et sans aucun doute la pire assemblée de toute ma vie politique. J'avais mal au ventre; j'étais complètement paniqué. Je pensais m'évanouir et j'ai été obligé de sortir dans les coulisses deux ou trois fois pour reprendre mon souffle. J'avais envie de me sauver; seule la crainte de perdre la face m'en a empêché.

Quand mon tour est arrivé je n'avais toujours rien à dire. En prenant le micro j'ai dit «mes chers amis» et heureusement il y a eu une grande ovation. J'attendais en cherchant toujours ce que je dirais. Finalement le silence s'est fait et j'ai commencé à parler. Après une phrase ou deux, ça allait. J'ai fait un bon discours mais c'était uniquement parce que j'avais du métier.

Une heure ou deux avant une assemblée, je n'étais «pas parlable» et certains croyaient que j'avais le trac. En fait, c'est tout simplement que j'organisais mon discours dans ma tête.

Si je n'ai pas connu le trac plus souvent c'est sans doute parce que je ne me suis jamais cassé la gueule. Certains de mes discours étaient moins bons mais je n'ai jamais été hué.

*En 1961 vous étiez de toutes les assemblées du RIN mais vous n'étiez pas payé pour faire des discours. De quoi viviez-vous?*

C'était assez difficile. Evidemment je n'étais pas payé pour faire des discours; d'ailleurs je ne l'ai jamais été; je n'ai jamais chargé un cent pour parler de l'indépendance au Québec car je considérais que ça faisait partie de mon métier. En plus, je devais refuser des rôles au théâtre parce que les assemblées étant toujours le soir, j'avais un conflit d'horaire. J'ai été obligé de faire un choix. On ne peut pas dire que ce fut très difficile puisque le théâtre ne m'intéressait plus.

En discutant avec Gérard Pelletier que je rencontrais régulièrement au lac Ouareau les fins de semaine, je lui ai demandé s'il n'aurait pas un travail pour moi à *La Presse*.

*Alliez-vous souvent au lac Ouareau?*

J'y allais presque toutes les fins de semaine parce que je n'avais rien d'autre à faire. Plusieurs de mes amis avaient des chalets là-bas. Trudeau, Pelletier et Juneau étaient installés de l'autre côté du lac.

Nous avions beaucoup de plaisir au lac Ouareau. Nous discutions des heures et des heures. J'y suis allé pendant au moins deux ans de façon très régulière.

---

*J'ai discuté de politique et de littérature avec Bourgault de longues soirées chez notre ami commun Claude Préfontaine au lac Ouareau. En dehors de la question de l'indépendance nous étions d'accord. Sur la question cléricale, l'enseignement et la démocratie, Pierre avait de la sympathie pour la pensée libérale que Trudeau et moi représentions.*

Gérard Pelletier

*C'est ainsi que vous devenez journaliste à* La Presse.

En m'engageant Pelletier m'avait laissé le choix entre
travailler au quotidien ou au magazine de La Presse, un
hebdomadaire que l'on appelait Rotogravure. Il me conseilla
tout de même le quotidien parce que les problèmes étaient
nombreux au magazine. J'ai pensé que le défi était plus grand
et j'ai choisi le magazine. Ainsi de 1961 à 1964 j'ai fait des
grands reportages; j'ai écrit sur toutes sortes de sujets à
l'exception de la politique. Je suis un homme à tiroirs; je n'ai
jamais mêlé journalisme et politique, pas plus que
l'enseignement et la politique. Pelletier écrivait dans Cité
Libre et je lui répondais dans le journal l'Indépendance mais
à La Presse nous n'avions pas le temps de parler de ça.

---

*J'ai engagé Pierre à* La Presse *parce qu'il écrivait bien et qu'il
avait la mentalité de journaliste: il était curieux, il voulait tout
savoir. Certains me trouvaient bien naïf d'engager Bourgault
car il était déjà identifié au RIN. Je leur répondais: «lisez ses
articles». Il a toujours fait son métier avec beaucoup de
rigueur; ses reportages étaient très lus et très appréciés.*
                                                    Gérard Pelletier

---

*Avant* La Presse *vous n'aviez jamais écrit.*

Non, je n'avais jamais écrit à l'exception de deux textes
politiques qui avaient été publiés dans Le Devoir. Je ne
connaissais pas André Laurendeau à cette époque mais, à la
suite d'un éditorial, je lui avais adressé une longue lettre qui
avait été publiée dans la page des lecteurs et qui s'intitulait
*Message d'un homme libre à une génération qui ne l'est plus.*
Laurendeau m'avait répondu dans un autre éditorial et je lui
avais adressé une seconde lettre tout aussi longue que la
première.

C'est sur la foi de ces textes que Gérard Pelletier m'a donné un emploi de journaliste.

*Selon des témoignages de journalistes qui ont travaillé avec vous, vous étiez déjà considéré beaucoup plus comme un personnage que comme un journaliste.*

C'est l'histoire de ma vie d'être considéré comme un personnage. Encore aujourd'hui, à l'université on me considère plus comme un personnage que comme un professeur.

Je ne suis pas un vrai journaliste dans le sens que je n'ai jamais fait de quotidien. Je ne suis pas bon pour aller chercher la nouvelle. Je suis journaliste dans le sens du reportage documentaire. Je suis très bon pour les grands reportages et c'est ce que je faisais à *La Presse.*

*Au besoin vous faisiez la nouvelle. N'étiez-vous pas responsable de l'inscription «je suis séparatiste» sur la statue de MacDonald au carré Dominion?*

Nous cherchions une photo pour la couverture du magazine le 1er juillet 1962. J'ai suggéré la statue de MacDonald rehaussée de l'inscription «je suis séparatiste». Tout le monde était d'accord que ce serait une bonne photo sauf que «je suis séparatiste» n'était pas écrit. Je leur ai dit «envoyez un photographe demain matin et ça le sera».

*En dehors de votre travail à* La Presse, *vous consacriez tout votre temps au RIN...*

Je travaillais le jour et je faisais des discours le soir. En plus d'être président de la section de Montréal, je faisais partie de l'exécutif et j'écrivais dans le journal du RIN *l'Indépendance.* Cette période de militantisme n'a pas été trop difficile pour moi car je pouvais bien vivre grâce à mon salaire de *La Presse.*

Le RIN était encore très petit. Nous n'étions guère plus de 500 membres mais tous très actifs. On nous voyait partout. Nous avions fait un congrès, nous nous étions donné un programme et une structure démocratique. Chaput est devenu le deuxième président du RIN à la fin de 1961.

*N'est-ce pas sous le règne de Marcel Chaput que les chicanes ont commencé au RIN?*

Le RIN était encore un mouvement mais Chaput songeait à la lutte électorale. Il souhaitait que le RIN devienne un parti traditionnel et que nous fassions comme si nous avions de l'argent alors que nous voulions plutôt vivre selon nos moyens.

Nous nous chicanions sur les virgules. Parfois nous étions à gauche, parfois à droite. Nous n'avions aucune expérience et nous apprenions ensemble, au fur et à mesure.

Malgré notre refus de transformer le RIN en parti, Chaput s'est présenté comme candidat indépendant dans le comté de Bourget aux élections de 1962. Au congrès d'octobre il a été écarté de la présidence par Guy Pouliot avant de quitter le RIN pour aller fonder le Parti républicain du Québec en décembre.

*Vous avez quand même aidé Chaput pendant sa campagne électorale.*

Puisqu'il était embarqué dans la lutte électorale, autant

l'aider. Je suis allé faire une assemblée avec lui dans son comté vers la fin de la campagne.

Je n'en étais pas moins contre l'idée qu'il se présente. C'était courir à la boucherie. Le RIN n'était même pas un parti politique et nous n'avions pas d'organisation pour faire une campagne électorale.

*Lors de l'élection de 1962, les rinistes étaient plutôt en faveur du parti libéral.*

Aussi bien en 1962 qu'en 1960 les rinistes ont voté pour le parti libéral, ce que j'ai fait moi aussi. En 1960 nous n'avions pas le choix, c'était la seule lumière qui s'offrait à nous. En 1962 nous avons voté libéral parce que ce parti s'engageait à nationaliser les compagnies d'électricité. Dès 1960 le RIN s'était prononcé en faveur de la nationalisation de l'électricité. En 1960 et 1962 j'ai voté libéral en grande partie à cause de René Lévesque.

*N'est-ce pas pendant la campagne électorale de 1962 que vous rencontrez René Lévesque pour la première fois?*

Je connaissais Lévesque comme tout le monde grâce à l'émission Point de Mire. J'étais en admiration devant lui. C'est le plus grand interviewer que je n'ai jamais vu. Je me souviens entre autres d'une entrevue d'une heure avec un gars qui répondait oui ou non à toutes les questions; malgré cela l'entrevue de Lévesque était très bonne.

Pendant la campagne électorale de 1962, j'avais assisté à l'une de ses assemblées dans un sous-sol d'église. Je lui avais ensuite donné la main et j'étais très heureux. A ce moment, il m'avait donné la main comme à n'importe qui.

*N'est-ce pas aussi à cette époque que vous avez participé André D'Allemagne et vous à un débat avec Gérard Pelletier et Pierre-Elliott Trudeau à l'Université de Montréal?*

Ce débat était très important parce qu'il donnait une sorte de crédibilité au RIN. Trudeau et Pelletier, même s'ils n'étaient pas encore en politique, étaient beaucoup plus connus que D'Allemagne et moi. Le fait qu'ils acceptent de nous rencontrer nous donnait une certaine importance.

Il y avait environ 2000 personnes très enthousiastes dans la salle. Au moins 90% de l'assistance était vendue à notre cause. Les bravos fusaient de toutes parts quand D'Allemagne ou moi parlions et dès que Pelletier ou Trudeau prenaient la parole la foule criait chou. En plus, Trudeau s'en prenait à la salle, ce qui n'aidait pas sa cause.

Lors de ce débat Pelletier avait été très bon et Trudeau très mauvais. D'Allemagne avait été bon et moi assez moche.

---

*Bourgault a été l'un des deux premiers indépendantistes (l'autre étant D'Allemagne) avec qui il était possible de discuter. Les autres affirmaient et fermaient la porte à toute discussion.*

Gérard Pelletier

*Les journalistes anglophones riaient des indépendantistes car à l'époque, le séparatisme était considéré comme une blague. Mais nous n'avons jamais ri de Bourgault. Nous le respections pour son intelligence, son éloquence et sa sincérité.*

Tom Sloan

---

*Le mouvement du RIN s'est transformé en parti politique en mars 1963. Etiez-vous en faveur de cela?*

En fait, nous n'avions pas le choix. La transformation du
RIN en parti était d'abord prévue pour 1964. Cependant, à la
suite du départ précipité de Marcel Chaput et de la fondation
de son Parti républicain, le RIN devait se transformer
rapidement en parti politique.

*Etes-vous d'accord avec ceux qui disent que le RIN est
toujours demeuré un groupe de pression qui se servait de la
tribune électorale pour faire connaître ses objectifs?*

Non. Le RIN était un parti politique. Bien sûr, par moments
ce fut très difficile de maintenir l'équilibre entre les deux.
Souvent les pressions que nous faisions semaient la
confusion.

Le RIN était très différent des partis politiques traditionnels.
En fait, il ressemblait beaucoup plus aux partis européens
qu'aux partis politiques nord-américains. Il y a peu de partis
politiques qui descendent dans la rue en Amérique du Nord.
Ceci dit, le RIN a été un véritable parti politique.

*Lorsque vous avez déclaré être athée, était-ce de la
provocation consciente?*

Je me souviens très bien des circonstances qui ont entouré
cette déclaration. Chaput dénonçait partout les athées du
RIN. Le conseil s'était réuni pour déterminer l'attitude à
adopter devant ces accusations. Nous avions finalement
décidé d'avouer publiquement que nous étions athées.

Peu de temps après, j'étais interviewé par Wilfrid Lemoyne à
la télévision. Il me demanda au début de l'entrevue si j'étais
athée. Je n'ai pas répondu tout de suite car je voulais profiter
de l'occasion pour expliquer clairement que ça n'avait
aucune importance en politique et qu'il était temps que l'on

cesse d'exiger un billet de confession des politiciens. Une fois que j'ai eu terminé mon raisonnement Lemoyne m'a posé de nouveau la question et j'ai dit «oui je suis athée».

Ce fut comme une douche froide. Cette déclaration a causé des chicanes épouvantables et le parti menaçait de s'écrouler. Au début de la révolution tranquille, c'était plutôt difficile à avaler. Les militants, surtout ceux de l'extérieur de Montréal, trouvaient ça très embêtant.

Ma déclaration a choqué mais en même temps elle a éliminé cette question des entrevues avec les politiciens. Il fallait que quelqu'un ose l'avouer.

# 3

## DU POUVOIR

*Le 31 mai 1964, lors du congrès national du RIN à Québec, vous êtes élu président. C'est alors un tournant dans l'histoire du RIN. Pour la première fois les membres décident d'avoir un président à plein temps.*

Et c'est aussi un tournant dans ma vie. Mon accession à la présidence marque le début d'une période très difficile pour moi. Je suis élu président pendant la grève de *La Presse* mais par solidarité avec mes confrères j'attends la fin du conflit pour démissionner.

Le président du RIN a droit à $40. par semaine. Mais attention, ce n'est pas un chèque que je reçois tous les mercredis après-midi. Je dois aller quêter mon allocation chez les membres. Ne pouvant vivre avec aussi peu d'argent, il était du devoir des militants de transporter leur président et de le loger. C'est ainsi que les Desrosiers, de fervents militants du RIN jusqu'à la fin, m'ont hébergé pendant deux ans.

*Le salaire de Bourgault n'était pas payé par le RIN mais par un groupe de militants qui avaient créé le fonds «Les amis de Pierre Bourgault». Le chèque était aléatoire. Quand il n'y avait plus d'argent dans le fonds, et cela se produisait régulièrement, le président n'était pas payé. Ce mode de rémunération était d'une grande insécurité.*

Pierre Renaud

*Le RIN c'était fraternel, chaleureux et pur. Nous étions jeunes et naïfs mais nous avions l'assurance des fondateurs. Nous étions convaincus de la justesse de ce que nous proposions. Pour nous, il n'y avait pas d'autres solutions que l'indépendance.*

André D'Allemagne

*En devenant président, étiez-vous conscient de toutes les implications de votre engagement?*

Absolument pas. D'ailleurs on ne sait jamais dans quoi on s'embarque. Quand on monte dans un avion, on ne sait jamais s'il va tomber ou non. Le mystère qui entoure les grandes aventures est ce qui fait leur plaisir. Au début il y a toujours l'enthousiasme et la passion. En plus j'étais très idéaliste.

Quand je me suis présenté à la présidence, c'était la folie. Je croyais passionnément à l'indépendance du Québec. C'était toute ma vie. Et surtout, j'avais terriblement envie d'être président. Pour être bon, c'est très important de vouloir et d'avoir le goût de faire quelque chose.

Aussi, je me suis présenté à la présidence parce que j'étais convaincu que le RIN était l'instrument premier de la libération politique, économique et sociale des Québécois.

*Pourquoi ne vous étiez-vous pas présenté à la présidence avant 1964?*

Le président fondateur a été André D'Allemagne alors que je n'étais pas encore militant. L'année suivante, en 1961, Marcel Chaput venait de démissionner du ministère de la Défense à Ottawa et il était la grosse vedette du parti. Lors du troisième congrès j'avais songé à me présenter contre Guy Pouliot mais finalement on m'a convaincu qu'il valait mieux pour le parti que j'y renonce. Pouliot était plus modéré et plus âgé que moi sans compter qu'il était avocat ce qui assurait un peu de respectabilité au RIN.

Finalement en 1964, je me suis présenté contre Pouliot. Aussitôt élu je lui ai demandé d'accepter la vice-présidence. Je peux dire qu'il a été un vice-président extraordinaire pour le RIN.

*A l'automne 1964, le RIN a été déchiré par une autre scission qui a donné naissance au RN.*

Le RN a été fondé avec la droite du RIN sous la direction du Dr René Jutra. Ce dernier ne pardonnait pas au RIN d'être athée et d'être en faveur de l'avortement. Cela a provoqué une vive querelle entre les militants de Québec et ceux de Montréal. Ceux de Québec étaient contre ce qu'ils appelaient le radicalisme du RIN.

Au début le RN était le Regroupement national. Par la suite, en 1966 à la suite d'une fusion avec le Ralliement des créditistes, c'est devenu le Ralliement national.

J'ai dénoncé le RN surtout parce qu'ils avaient choisi un sigle qui ressemblait beaucoup à celui du RIN. Je criais à l'imposture.

*Les modérés, en particulier ceux de Québec, vous repro-*
*chaient votre jeune âge, votre instabilité émotive, votre*
*agnosticisme et vos penchants révolutionnaires. Il faut dire*
*qu'en devenant président vous n'avez pas hésité à donner le*
*virage à gauche.*

En devenant président j'ai commencé à organiser des manifestations. Je n'aimais pas ça mais je croyais sincèrement
qu'elles étaient nécessaires. J'étais convaincu que c'était le
moyen le plus efficace pour nous faire connaître. Il faut dire
aussi que j'étais vraiment débridé à cette époque.

Nous faisions des manifestations pour une raison très simple : 
elles ne coûtaient rien. Le RIN n'avait pas d'argent et nous
devions prendre les moyens à notre disposition pour publici-
ser notre cause.

En fait, nous organisions deux sortes de manifestations. Les
premières avaient pour but de faire les manchettes tandis que
les deuxièmes étaient d'ordre politique. Nous jugions parfaitement raisonnable de nous engager dans un conflit pour
aider les travailleurs.

Toutes les fois que nous faisions une manifestation les
journaux en parlaient. A l'époque les manifestations faisaient
très peur et ça mobilisait nos troupes. La manifestation est
souvent la meilleure façon de politiser un membre, de
l'habituer à ne pas avoir peur. Si le militant vainc sa peur
dans la rue, il aura moins peur dans une assemblée publique
et moins peur de faire du porte à porte.

Le RIN ne manifestait pas seulement pour protester. A
plusieurs reprises nous sommes descendus dans la rue pour
donner notre appui à une cause ou pour rappeler des
événements historiques.

*Et vous réussissiez toujours à faire la manchette...*

On faisait les événements. Je disais toujours «il faut faire la nouvelle». Le RIN c'était peut-être seulement un petit groupe mais on réussissait quand même à mettre tous nos adversaires politiques sur la défensive. Les manifestations nous permettaient d'avoir une portée.

Quand on perdait une bataille on ne boudait pas comme les membres du Parti Québécois. On imaginait aussitôt une nouvelle bataille après le moment de justification.

Il n'y avait pas de proportion logique entre le bruit que nous faisions et le nombre de nos membres. Je me souviens d'un article dans le prestigieux magazine américain *Fortune* qui disait à peu près ceci: «Le RIN prétend avoir 50 000 membres mais la GRC nous a révélé que le nombre des membres ne dépasse pas 15 000». Evidemment, nous refusions toujours de dévoiler le nombre de nos membres. Nos adversaires pouvaient fabuler à loisir. En fait, nous étions peut-être 2 000 à ce moment-là.

---

*Bourgault avait le sens de la nouvelle et le don de créer l'événement. Sous sa présidence, l'activité du RIN s'est intensifiée.*

Pierre Renaud

---

*Votre première manifestation importante en tant que nouveau président du RIN a sans doute été celle organisée à l'occasion de la visite de la reine?*

Aussitôt élu, j'ai commencé à faire des déclarations en disant que la reine n'était pas la bienvenue chez nous. Je lui ai envoyé des télégrammes disant que nous regrettions d'avance les événements fâcheux qui pourraient se produire lors de son séjour au Québec. Nous n'avions rien contre sa personne mais nous ne pouvions accepter qu'elle soit utilisée par Ottawa dans un but de propagande politique.

Nous voulions profiter de la visite de la reine pour intéresser la presse internationale et faire connaître au monde entier les revendications des Québécois. Sur ce point nous avons entièrement réussi.

Aux journalistes qui me demandaient si c'était dangereux pour la reine de venir ici, je répondais: «oui, c'est très dangereux». J'ajoutais que, nous du RIN, ne ferions rien contre la reine tout en laissant sous-entendre qu'un fou peut-être... qu'un malade peut-être... Comme le RIN avait une image de violence, le monde entier a commencé à s'inquiéter.

*Il faut dire aussi que le climat était très tendu en 1964.*

C'était le début du terrorisme international: détournements d'avion, violences de toutes sortes, etc. Kennedy venait d'être assassiné. Il y avait un climat d'inquiétude à l'échelle de la planète.

En plus, il y avait la psychose du FLQ. Un vol d'armes avait été perpétré à la caserne des Fusilliers du Mont-Royal et un mystérieux informateur avait déclaré à la Canadian Press que ces armes volées pourraient servir à attaquer la reine. On craignait que de jeunes fanatiques accomplissent une mission suicide. Bref les autorités redoutaient le pire.

*C'est alors que vous aviez imaginé un plan...*

J'avais eu une idée. Je suis arrivé à l'exécutif en disant j'ai un plan mais je ne veux pas le dire pour éviter les fuites. Les membres de l'exécutif étaient réticents. Ils se méfiaient de moi et ne voulaient pas me donner carte blanche. On m'a dit: «parles-en à Guy Pouliot (c'était un modéré) et s'il est d'accord, l'exécutif endossera le plan». Pouliot a accepté. Nous étions les deux seuls à savoir ce qui allait se passer. Nous avons loué le centre Durocher et continué à pomper nos troupes pour les amener à Québec.

*En allant à Québec vous avez été intercepté à quelques reprises.*

J'ai été intercepté trois fois mais quand les policiers voyaient que j'étais avec des journalistes, ils me laissaient filer. J'avais pris mes précautions car je craignais un frame-up. Les policiers me suivaient depuis au moins un mois et j'avais peur qu'ils ne m'arrêtent pendant la visite de la reine. Ils auraient pu faire croire que j'avais des armes dans l'auto ou je ne sais quoi!

J'avais demandé à un journaliste suédois et à un autre du *Toronto Star* de m'accompagner à Québec. Avant de partir de Montréal nous leur avons fait fouiller l'auto pour qu'ils puissent témoigner, au besoin, que nous n'avions pas d'armes. Le journaliste suédois était équipé d'une caméra dans un paquet de cigarettes.

D'ailleurs je me suis toujours félicité d'avoir pris cette précaution. Québec était devenue une véritable forteresse et c'était très difficile d'entrer dans la ville sans montrer patte blanche.

*En arrivant à Québec vous allez visiter les lieux.*

Oui et nous sommes très suivis, par les journalistes et les policiers. Je me souviens entre autres d'une Wolkswagen rouge qui nous suivait partout. A un certain moment nous nous sommes engagés dans un cul-de-sac et les policiers ont été obligés de reculer pour nous laisser passer.

En arrivant au centre Durocher je me suis rendu compte de mon erreur. C'était une véritable souricière. Toutes les rues menaient au centre Durocher et il y avait des soldats et des policiers tout autour. Impossible de nous tirer de là.

Je suis devenu enragé et j'ai pris ma gueule de révolutionnaire. Je n'étais pas révolutionnaire mais tout simplement enragé contre moi d'avoir commis une telle erreur. Les gens devraient faire la différence entre les enragés et les révolutionnaires.

*Votre conférence de presse fut cependant une véritable réussite.*

C'est le plus grand événement média que j'ai vécu. C'était la première fois dans l'histoire qu'il y avait autant de journalistes étrangers réunis au Québec. Même Walter Cronkite était là. C'était aussi ma première expérience avec la presse internationale. Sur le plan de la communication c'était un coup de génie. C'était l'occasion idéale d'expliquer ce qui se passait au Québec. J'accordais des entrevues en série et après avoir parlé de la reine, je faisais passer tout le discours indépendantiste et les revendications du RIN. Ça nous a mis sur la carte.

*Lors de l'assemblée il y avait plus de 2000 militants du RIN.*

Attention. Les livres d'histoire disent qu'il y avait 2000 personnes. De ce nombre il y avait 500 journalistes et 800 policiers qui étaient obligés de crier les slogans du RIN pour ne pas avoir l'air des policiers. Lès autres étaient véritablement des militants du RIN.

L'atmosphère était survoltée. Les militants étaient très déterminés et en même temps ils avaient aussi très peur. A la fin de l'assemblée quand j'ai dit que nous allions manifester ce fut le délire.

*Votre plan était encore secret...*

Absolument. Personne ne savait ce que nous projetions. Malgré les demandes répétées des journalistes j'avais tenu bon et rien dévoilé de nos intentions. J'ai dit à la foule de me suivre. Je savais que nous étions dans une souricière et que toutes les issues étaient fermées mais je n'avais pas le choix. Je devais foncer même si j'étais mort de peur.

Dehors il y avait des centaines de policiers et de soldats. En moins de deux, des policiers m'ont solidement empoigné et m'ont fait rentrer dans un hangar. J'ai eu tout juste le temps de crier «allez chercher nos avocats». En même temps je voyais tout le ridicule de la situation. Evidemment nous n'avions pas d'avocat attitré; c'était plutôt nos membres Pierre Verdy et Guy Pouliot qui étaient avocats.

Il n'y avait pas d'éclairage dans le hangar et quelqu'un s'est enfargé dans des planches. Aussitôt les militants ont pensé qu'on battait leur chef et pris de panique, quelques-uns ont enfoncé la porte pour venir à mon secours. Je suis revenu sur mes pas pour tenter de les calmer un peu avant de suivre les policiers dans un appartement.

*C'est là qu'on vous interdit de manifester.*

Dans l'appartement les policiers me disaient «vous ne mar-
cherez pas» et je répondais toujours la même chose «oui on
va marcher». Finalement je réalise qu'il n'y a aucun compromis possible. Les policiers ont reçu des ordres sévères et ils
n'hésiteront pas à nous massacrer. Ils étaient des milliers,
nous étions 1000. Ils étaient armés, nous ne l'étions pas. Les
policiers étaient gonflés par l'hystérie de Wagner qui alimen-
tait leur haine des séparatistes. Je ne savais plus quoi faire et
j'ai demandé aux policiers quelques minutes de réflexion. Je
ne voulais pas que les militants se fassent massacrer inutilement. J'avais peur et j'avais honte; c'était terrible. Je n'avais
pas vraiment peur pour moi car dans des circonstances
comme celle-là les chefs sont toujours relativement protégés.
Je me serais fait arrêter le premier et j'aurais été en sécurité.

La décision de ne pas manifester a été très pénible, une des
plus pénibles de ma vie. Je me sentais lâche et peureux. J'étais
humilié devant le monde entier et enragé contre moi. Et
surtout je ne savais pas comment dire aux militants de
retourner chez eux. J'avais tout aussi peur des militants que
des policiers.

Un des policiers qui m'avaient arrêté semblait tout comprendre et il m'a offert la protection de la police que j'ai
évidemment acceptée.

Quand je suis revenu vers la foule, une demi-heure plus tard,
j'étais blanc comme un drap. Quand j'ai peur je suis toujours
blanc. J'ai réussi à vaincre ma peur par la vanité. Je me suis
dit «je suis le chef alors il faut que j'aie l'air du chef».

Je suis monté sur une petite auto et j'ai pris ma voix forte et
assurée pour demander aux militants de se disperser. Ce fut
l'un des moments les plus pénibles de ma vie. J'ai vu des
militants pleurer et je m'en voulais terriblement. J'ai parlé
pendant une ou deux minutes seulement et quand j'ai senti
que j'avais gagné, je suis parti très rapidement. Une foule sans

chef ne peut que se disperser.

En m'en allant il s'est produit quelque chose de très drôle. Un journaliste français me braque son micro devant la bouche en disant «monsieur Bourgault, pour la France, quelques mots!» Je continue à marcher sans répondre. Un peu plus loin le même journaliste se jette à genoux devant moi en disant «monsieur Bourgault, pour la France, où allez-vous?». «Je m'en vais chez moi» répondis-je en sentant bien tout le ridicule de la situation.

En fait, je suis allé passer la nuit chez Guy Pouliot avant de reprendre le chemin de Montréal à la première heure le lendemain matin. Je ne voulais plus voir personne tellement j'avais honte. J'aurais été incapable de me justifier devant les journalistes.

*Vous aviez montré la voie de la modération...*

J'avais surtout fait l'erreur d'imaginer un plan sur papier, sans visiter les lieux. Ma deuxième erreur était d'avoir sous-estimé le rôle des adversaires. Je n'aurais jamais cru qu'ils fermeraient Québec et que les gouvernements déploieraient autant de forces.

J'avais cependant une consolation. Nous avions fait si peur que personne n'était là pour accueillir la reine. Elle n'a vu que des rangées de soldats coude à coude tout le long du parcours.

Nos adversaires ont aussi fait des erreurs. Le lendemain, samedi 10 octobre, 200 de nos militants se sont fait massacrer sans raison devant les caméras de télévision et sous l'œil des photographes. Claude Wagner venait tout juste d'être élu et il a dû porter le poids du samedi de la matraque tout au long de sa carrière politique.

*Au fait, quel était votre plan secret?*

Nous devions marcher jusqu'à l'entrée de la Citadelle et y tenir un sit-in de vingt-quatre heures. La reine aurait été obligé de nous passer sur le corps pour entrer dans la Citadelle tel que prévu. Cette manifestation se voulait pacifique. Elle aurait pu être spectaculaire et efficace si seulement je n'avais pas fait l'erreur de louer le centre Durocher. Jamais plus par la suite je n'ai fait des plans sur papier et j'ai pris l'improvisation en horreur à partir de ce jour.

*Le samedi de la matraque a quand même été bénéfique pour l'image du RIN.*

Nous avions l'image de gens raisonnables et le gouvernement a hérité de l'image d'un despote. Dans les semaines qui ont suivi, j'ai fait une tournée au Québec pour souligner que le voyage royal avait été l'occasion pour plusieurs Québécois de prendre conscience de leur situation de colonisés.

Après la visite de la reine nous avons multiplié les assemblées et les manifestations.

*Plusieurs de ces manifestations visaient à aider les travailleurs. Le RIN s'est beaucoup occupé des grèves.*

Le RIN avait une politique qui se voulait de gauche et qui visait d'abord le travailleur.

Nous avions deux intentions en nous occupant des grévistes. Premièrement nous voulions sincèrement les aider. Deuxièmement nous voulions nous faire connaître. Cependant, nous n'avons jamais fait de capital politique sur le dos des travailleurs. Nous souhaitions uniquement faire d'une pierre deux coups en les aidant. Nous n'avons jamais parasité les grèves comme le font les marxistes-léninistes.

Dans les années soixante les grèves étaient très difficiles. Les ouvriers avaient des problèmes énormes et ils n'étaient pas encore très bien organisés. Nous n'endossions pas n'importe quelle grève. Souvent c'était des militants du RIN qui étaient dans la rue et nous ne pouvions leur refuser notre aide. Nous nous occupions des grèves des plus démunis et quand la situation était grave, nous faisions systématiquement du piquetage avec eux.

Ça demandait du courage pour aller piqueter à 5h du matin. Je me souviens m'être fait arrêter à Valleyfield où le maire m'avait interdit de parler dans le parc. Dans ce temps-là je faisais très peur. Les patrons n'aimaient pas me voir sur les lignes de piquetage. Parfois ça accélérait les négociations. Dans d'autres circonstances ça a eu l'effet contraire et ma présence a retardé le règlement du conflit.

Le RIN n'avait pas de véritables stratégies pour les grèves. Nous y allions un peu à tâtons car nous avions bien peu d'expérience. On agissait selon des principes généraux; c'était la pureté du RIN. Nous profitions des grèves pour expliquer la partie sociale de notre programme.

*Non seulement vous dénonciez les patrons mais vous dénonciez aussi certaines attitudes des syndicats.*

Je suis un syndicaliste farouche et non idiot. Les syndicats qui veulent le pouvoir, c'est de la foutaise. Il y a deux façons de renverser le pouvoir: l'électorat et le coup d'état. Tout le reste n'est que rhétorique.

J'ai toujours dénoncé le discours syndical sur le renversement du pouvoir. Ils y participent beaucoup trop pour le renverser.

Le syndicalisme est inscrit dans la structure des pouvoirs actuels, il en est une de ses composantes.

*Vous n'avez jamais été un syndicaliste militant.*

J'ai fait beaucoup de syndicalisme par la bande. J'ai fait des batailles syndicales et non syndicalistes. Je ne suis pas un syndicaliste inconditionnel; je me bats pour ce que je crois.

En 1959 j'ai fait la grève à Radio-Canada et j'étais très militant. J'ai piqueté jusqu'à quinze heures par jour.

Pendant la grève de *La Presse* ce fut différent. Dès le début du conflit j'ai prévu que la grève pourrait durer des mois. Les dirigeants syndicaux ont qualifié mon attitude d'anti-syndicale et m'ont invité à m'asseoir. Ils ne voulaient pas dire que ça pourrait être long pour ne pas faire peur. La grève a duré sept mois. Dans la pratique syndicale il faut dire ce qui est. Je ne crois pas au militantisme pervers.

*Présentement est-ce que vous croyez encore aux syndicats?*

Je n'y crois plus beaucoup. Il y a un discours de gauche et une pratique de droite. Je déplore surtout qu'il n'y ait aucune autocritique chez les syndiqués. La pratique syndicale est aberrante. Ceux qui osent dire quelque chose contre le syndicat sont traités de réactionnaires de droite.

Il est nécessaire d'analyser et de réévaluer les grandes victoires du syndicalisme pour aller plus loin, pour humaniser le travail. C'est une attitude primaire que de s'asseoir sur des acquis. Les syndicalistes refusent de considérer les acquis comme des hypothèses; ils les voient plutôt comme des fins. Quand une victoire est acquise, il est nécessaire d'y réfléchir afin d'éviter qu'elle fasse plus de mal que de bien.

Les syndicats briment les travailleurs sous prétexte de les protéger. Ils vont jusqu'à tuer toute initiative dans des entreprises où il est interdit de déplacer une chaise. Le syndicalisme s'enfonce souvent dans une fuite en avant ridicule. Ce n'est pas parce qu'un travailleur est syndiqué qu'il est nécessairement compétent.

Ceci dit, je crois que le syndicalisme a été nécessaire. Je souhaite que tous les travailleurs soient syndiqués le plus rapidement possible. C'est la pratique syndicale qu'il faut améliorer.

*En tant que président du RIN on vous a accusé de négliger les problèmes sociaux pour vous occuper de la question nationale.*

C'est une accusation non fondée. Au RIN l'accent était mis sur la question nationale mais j'ai fait des dizaines de discours sur la justice sociale. J'ai pris position des centaines de fois sur les problèmes sociaux. Evidemment je n'ai pas fait de discours pour défendre la cause des handicapés. Dans les années soixante personne ne parlait des handicapés.

On oublie souvent qu'à l'époque du RIN, la langue était un problème social. Les travailleurs perdaient leur emploi parce qu'ils ne parlaient pas l'anglais. Toute la question du nationalisme était sociale et économique. Si à certains moments notre action est apparue plus nationale que sociale, c'est que nous voulions prendre le pouvoir. Notre programme était quand même social. Il faut éviter de tout compartimenter. Les problèmes sociaux sont toujours rattachés à l'économie.

*Plusieurs s'attendaient à ce que vous dénonciez le FLQ. Mais vous avez entretenu l'équivoque en écrivant et en répétant «ce n'est pas au nom des principes que nous dénonçons la violence mais au nom de l'efficacité». Cela n'a jamais satisfait vos adversaires.*

Il était difficile de dénoncer les premiers felquistes parce qu'ils avaient tous leur carte de membre du RIN dans leur poche quand ils ont été arrêtés. Et les policiers étaient très fiers de mentionner ce fait aux journalistes.

Les militants du FLQ étaient des nationalistes sans plus. Ils ne cherchaient pas à renverser le pouvoir et n'avaient aucune exigence sociale. Ils voulaient seulement dramatiser la cause de l'indépendance, l'internationaliser. Ils n'étaient pas très organisés, idéalistes et souvent romantiques.

Moralement nous ne pouvions pas les dénoncer même si cela nous a valu de perdre bien des membres. Ils étaient des nôtres et luttaient pour la même cause.

Le RIN accueillait tout le monde et attirait tous ceux qui voulaient l'indépendance du Québec, y compris les radicaux extrémistes car à l'époque c'était le seul mouvement dans lequel ils pouvaient militer. De l'autre côté, nous étions aussi infiltrés par la GRC!

*D'une part vous condamniez les actions du FLQ, mais d'autre part vous organisiez des collectes afin de venir en aide aux prisonniers politiques. N'était-ce pas une approbation indirecte de leurs actions?*

Nous avions décidé d'aider à la défense des accusés du FLQ non pas parce que nous approuvions ni même acceptions leurs actes. Nous les aidions plutôt parce que nous estimions qu'ils n'avaient pas été traités avec justice et qu'on avait agi envers eux d'une façon contraire aux droits élémentaires des citoyens.

*On vous a souvent reproché de ne pas dénoncer assez fortement la violence.*

J'ai toujours eu le même discours sur la violence. J'ai toujours refusé d'employer ou de soutenir la violence quelle qu'elle soit. Dès le début de mon engagement politique j'ai répété constamment qu'il était injustifiable d'utiliser la violence pour réaliser l'indépendance du Québec. Je disais que ça ne valait pas la peine de faire l'indépendance pour les morts.

C'est ma force de conviction qui m'a fait croire à la démocratie. J'ai toujours refusé la violence parce que j'ai convaincu des milliers de personnes et je suis encore capable d'en convaincre. J'ai toujours prôné l'indépendance par des moyens démocratiques et légaux. Je n'ai jamais cru que tous les moyens sont bons. Beaucoup de bonnes causes sont détruites par les moyens qu'on emploie pour y parvenir.

La violence est toujours douloureuse et elle détruit un pays. Il faut éviter à tout prix la violence qui, tout compte fait, élimine seulement les hommes les plus courageux. Les lâches ne meurent jamais dans des circonstances violentes car ils se cachent.

La violence ne mène nulle part. Surtout les violences collectives car il arrive souvent que ce soient des violences de vengeance. Il faut tout de même établir une distinction entre les violences de vengeance et les violences démocratiques. Quand un peuple est dans un danger extrême de disparition physique (en Europe contre Hitler ou au Salvador par exemple) la violence est non seulement acceptable mais elle devient un devoir. Quand la violence est strictement la manifestation de l'instinct de survie je suis d'accord car je ne crois pas qu'il faille tendre l'autre joue. Ce n'est pas la guerre qui est ridicule, c'est la nature humaine. Mais la violence restera toujours pour moi le dernier recours. Je résisterai toujours à m'y laisser entraîner sous le simple prétexte qu'elle existe.

*Bourgault a été soupçonné d'être dangereux dans la mesure où il est marginalisé. Mais parmi les penseurs actuels il est l'un des rares qui n'accepteraient pas de sacrifier les droits individuels aux droits collectifs.*

Robert Bourassa

*Bourgault est un non-violent et il n'a jamais prêché la violence.*

Guy Fiset

*Selon vous, d'où provient votre réputation d'être un homme violent et dangereux?*

Je crois que ça provient surtout des manifestations. J'en ai fait plus de deux cents au RIN et quelques-unes ont créé des images de violence même si elles n'étaient pas violentes comme telles. Par exemple, quand j'ai été arrêté lors de la manifestation de la Saint-Jean, tout ce qu'on a vu de moi à la télévision et dans les journaux ce sont des gros plans des policiers qui m'arrêtaient. La télévision grossit toutes les scènes. C'est toujours violent l'image d'un homme empoigné par les policiers, même s'ils ne lui font pas mal.

Aussi certaines manifestations ont dégénéré en violence. Même si je n'étais pas impliqué directement, on m'imputait cette violence en tant que chef du RIN et c'est normal. Je n'y puis rien si les gens ont de moi une image de violence.

*Vous aviez un vocabulaire pour le moins extrémiste. Par exemple vous n'avez jamais hésité à employer les mots révolution et révolutionnaire.*

Il ne faut pas oublier que c'était le discours tragique des

années soixante.

Je me souviens entre autres d'une petite assemblée qui avait pour but de ramasser de l'argent pour la défense des prisonniers politiques. Heureusement cette assemblée n'avait pas été couverte par les médias. J'y avais fait le discours le plus hystérique de toute ma vie. La salle était tout aussi hystérique et ça avait été très efficace; nous avions ramassé beaucoup d'argent.

Quand je parlais de révolution, j'expliquais assez longuement le sens que je donnais à ce mot. La révolution est la recherche et le combat pour une liberté collective. Etre révolutionnaire ça veut dire croire en la vie, croire en l'homme.

*Votre violence verbale est quand même réelle.*

Ça c'est autre chose. J'ai un ton d'orateur par opposition à un ton de conférencier. Je me suis servi de ce ton d'orateur pour entraîner les gens dans une action.

La violence verbale rend non nécessaire la violence physique. J'ai toujours été convaincu que la parole est un moyen de défense privilégié.

J'ai souvent passé pour un extrémiste parce qu'on croyait que l'indépendance était une solution extrémiste. C'est tout à fait ridicule. Dans ce cas, tous les pays indépendants seraient extrémistes. Seuls des colonisés peuvent traiter d'extrémistes ceux qui parlent de l'indépendance.

*Son discours était le plus tranchant et le plus radical des années soixante. C'est pourquoi Bourgault a été assimilé à la violence. Il a été victime de circonstances dont il n'était pas*

*responsable. Le public n'a pas fait la différence et c'est pour ça
qu'il faisait peur.*

Robert Bourassa

Je suis radical dans tous les sens du mot mais non dans le sens
extrémiste. Radical signifie aller à la racine des choses et agir
sur la cause profonde des effets qu'on veut modifier. Ce qui
est radical tient à l'essence et au principe d'une chose.

Un radical est une sorte de libertaire organisé. Les radicaux
ne sont ni à droite ni à gauche, ils sont contre tout et c'est
fatigant pour les doctrinaires. Malgré les apparences, malgré
le ton et la logique de mon discours je ne suis aucunement
doctrinaire. Je vais à la racine des choses pour voir ce qu'on
peut en tirer. J'adopte des positions radicales par rapport à
un milieu, j'ai un discours radical et je fais des dénonciations
violentes.

Trop souvent les gens confondent radicalisme et violence.
L'aile radicale du PQ par exemple c'était ceux qui voulaient
aller plus vite et plus loin. C'est tout.

*Bourgault a été un président très stimulant autant à l'intérieur
du parti qu'à l'extérieur. Il nous a maintenus sur la carte de
l'actualité. Il a porté le RIN sur ses épaules.*

André D'Allemagne

*Bourgault a été un excellent président pour le RIN. On sentait
que c'est un homme avec qui l'histoire devait compter.*

Jean Décary

*Bourgault a été un bon chef pour le RIN parce qu'il était
capable de diffuser efficacement l'idée de l'indépendance.*

Pierre Renaud

J'étais un bon chef de parti. Evidemment je n'étais pas un chef conventionnel! J'ai sûrement été un président plus spectaculaire que ceux qui m'ont précédé.

Il faut préciser que j'étais un bon chef pour un parti d'opposition. Je ne suis pas certain que j'aurais été un aussi bon chef pour un parti au pouvoir. La plupart des hommes politiques sont meilleurs soit dans l'opposition, soit au pouvoir. Rares sont ceux qui excellent dans les deux positions.

Je n'ai jamais été au pouvoir mais j'ai le sentiment que je suis meilleur dans l'opposition. Même dans ma vie privée j'ai toujours tendance à me faire l'avocat du diable, à mettre mes adversaires sur la défensive. Au pouvoir on ne peut plus faire ça, il faut construire.

J'ai l'impression que le pouvoir aurait été un long apprentissage pour moi. J'aurais certainement réussi à m'y adapter. J'y serais parvenu à force de volonté alors que je suis naturellement un homme d'opposition.

De Gaulle a toujours été un homme d'opposition. Même au pouvoir. Son «Vive le Québec libre» était le geste d'un homme d'opposition. Il a réussi à concilier les deux et ça donnait à son pouvoir une force terrible parce qu'il s'opposait à partir du pouvoir.

J'étais un bon chef parce que j'ai toujours eu beaucoup de considération pour les militants et les militantes. Je m'occupais beaucoup d'eux et je les entraînais continuellement. Dans les moments difficiles j'étais toujours avec eux. Je défendais les militants quand ils étaient mal pris ou qu'ils disaient des bêtises.

Aussi, la compétence et le travail de ceux qui m'entouraient ont fait que j'étais un bon chef. Une de mes qualités est de savoir m'entourer quand j'occupe un poste d'autorité. Le RIN était très bien administré grâce à Pierre Renaud. Le secrétariat était bien organisé grâce à Yolande Léger. J'ai eu la chance d'avoir des conseillers extraordinaires qui m'aimaient et me critiquaient en même temps. André D'Allemagne et Pierre Renaud ont été des conseillers extraordinaires et ils n'ont jamais été flatteurs.

Mieux un chef est entouré, plus il fait de bonnes choses. Les chefs qui ne comprennent pas ça manquent de confiance en eux. Je n'ai jamais eu peur de perdre ma place en m'entourant de gens compétents. Chose certaine, je n'aurais jamais accepté dans mon entourage immédiat des êtres serviles.

---

*Bourgault n'était pas très contesté car personne ne voulait sa place. Je ne suis pas certain qu'on aurait trouvé quelqu'un pour le remplacer à la présidence du RIN. Il était impossible de faire carrière tout en étant président du RIN.*

André D'Allemagne

*Bourgault a été l'enfant chéri du RIN, son orateur-vedette. Il a été aimé, adoré et chouchouté par les militants.*

Jean Décary

---

*Après avoir été élu président du RIN en 1964, vous êtes resté à ce poste jusqu'au sabordage. Personne ne s'est jamais présenté contre vous à la présidence?*

Personne ne voulait me faire la lutte à la présidence. Il y a eu une seule tentative de m'opposer un candidat et elle a échoué. En 1965, certains membres désiraient un président moins marginal et plus accessible. Ils avaient convaincu Maurice Leroux de se présenter contre moi tout en lui interdisant de m'en parler car ils craignaient que je ne le décourage.

Dans l'intervalle, il y avait une assemblée et Leroux parlait avant moi. J'avais décidé de leur montrer qui était le président du RIN et j'ai fait un discours tout à fait extraordinaire.

Par la suite, j'ai invité Leroux à manger non pas pour le convaincre de se retirer mais parce que nous avions toujours été en bons termes et c'est un gars que je respectais.

Evidemment au cours du repas nous avons parlé de la présidence du RIN et je lui ai dit qu'il se ferait laver. Quelques sondages me permettaient de croire que je serais réélu. Le lendemain j'ai appris que Leroux ne se présentait plus. Je ne sais pas exactement ce que je lui avais dit pour le faire changer d'idée.

Par la suite, les quelques supporteurs de Leroux ont toujours dit qu'ils ne voulaient pas vraiment m'opposer un adversaire à la présidence et ils ont reconnu que c'était une erreur de jugement de leur part. Le fait que Leroux ait accepté mon invitation à dîner les a convaincus que leur candidat n'avait pas la trempe d'un président.

---

*Bourgault est très démocrate. S'il a quelques fois pris des décisions sans consulter il n'a, par ailleurs, jamais été à l'encontre des décisions prises par l'exécutif.*
Pierre Renaud

*Bourgault était un chef totalitaire. Il avait cependant l'honnêteté de dire qu'il ne jouait pas aux exercices de démocratie.*
Marc Lavallée

*Bourgault est vraiment démocrate même s'il a abusé de son*

*talent d'orateur pour nous convaincre. Il respectait toujours les décisions du congrès.*

Guy Fiset

Comme tous les chefs totalitaires je suis aussi très démocrate. J'ai fait des concessions mais tout en gardant un ton autoritaire. J'ai toujours cru à la solidarité de l'exécutif.

Bien sûr, j'ai fait quelques accrocs à la démocratie. A l'occasion, le chef doit être capable de prendre une décision tout seul. Quand 50% des membres veulent aller à droite et les autres 50% à gauche, il faut trancher. C'est très dangereux. Il y a un équilibre à maintenir dans la démocratie.

Un étudiant a déjà fait une recherche pour savoir si les militants étaient d'accord avec moi. A ma grande surprise, et cela m'a vraiment touché, 95% des militants ont exprimé leur satisfaction quant au rôle que j'ai joué comme président du RIN. L'expérience démocratique du RIN est, à mon sens, une des premières grandes expériences de démocratie véritable qu'on ait vécu au Québec à l'intérieur des partis politiques.

*En tant que chef Pierre était imprévisible et fantaisiste. Par moments ça nous inquiétait; nous ne savions jamais de quoi il allait parler, dans quelle aventure il allait nous entraîner.*

André D'Allemagne

*Comme chef il était indiscipliné. Il faisait les déclarations qu'il voulait bien. On lui reprochait de jeter le scandale et de provoquer mais il était très aimé des membres. Il nous gardait dans l'actualité.*

Marc Lavallée

J'ai un tempérament indiscipliné. Comme président je reconnais avoir eu des moments d'indiscipline et quelques fantaisies. Entre autres, j'avais dénoncé les évêques canadiens au grand désespoir de l'exécutif du RIN. J'avais même écrit au pape pour lui demander de ramener ses évêques à la raison.

Par ailleurs j'étais aussi très discipliné. J'arrivais toujours à l'heure, je travaillais constamment et avec acharnement. Je me souviens d'avoir délibérément mis le travail de côté une seule fois pendant mes cinq mandats à la présidence. C'était la journée de l'ouverture de l'Expo 67. J'avais été manger avec Pierre Renaud et en sortant du restaurant il faisait tellement beau que nous avions pris le chemin des îles au lieu de retourner au secrétariat. C'est la seule fois que j'ai pris un après-midi de congé.

---

*Le RIN a été la maîtresse de Bourgault.*

Jean Décary

*Pierre était enthousiaste, débordant et toujours disponible pour l'action politique. Il était prêt à travailler du matin au matin.*

Pierre Renaud

*Bourgault c'était le dévouement absolu. Nous pouvions compter sur lui jour et nuit. Il croyait à la cause de l'indépendance et lui avait subordonné sa vie. C'est un être courageux.*

Andrée Ferretti

---

Ce que j'ai fait c'était naturel pour moi de le faire. Ce n'est pas du courage. Vu de l'extérieur ça semble fabuleux mais le RIN c'était toute ma vie.

Pendant mes années à la présidence du RIN je n'avais pas de

vie privée. Je devais prendre des rendez-vous deux mois à l'avance pour voir mes amis car j'avais des engagements politiques un an à l'avance.

Je travaillais facilement de quinze à dix-sept heures par jour. C'est d'ailleurs ce qui me rendait efficace. C'était boulimique. Je faisais du transfert et de la projection. J'étais masochiste, j'étais missionnaire.

En plus des assemblées publiques et des assemblées de cuisine, il y avait les manifestations, le travail au secrétariat, les conférences de presse, les entrevues, etc.

Malgré tout, je réussissais à aller danser jusqu'aux petites heures du matin. J'étais très fort physiquement. En tournée j'épuisais tout le monde autour de moi. C'est une de mes qualités de chef. Quand les autres sont capables de suivre le chef, c'est que bientôt ils vont le dépasser.

Ce qui était vraiment courageux c'était de partir tous les soirs pour aller faire des discours à gauche et à droite. Encore aujourd'hui le moment le plus difficile de la journée demeure pour moi entre 17 et 19 heures. Si je dois sortir à cette heure c'est psychologiquement épouvantable. Je préfère aussi enseigner le matin parce que les cours le soir me rappellent trop les assemblées. Malgré les années et malgré l'habitude, ce n'est jamais devenu facile pour moi de partir tous les soirs.

Le courage c'était aussi d'aller manifester car j'avais très peur. Je l'avoue parce que c'est une de mes grandes gloires.

---

*J'ai toujours admiré le courage physique de Bourgault. Je sais que c'est un sensible et il devait avoir très peur. Mais c'est une de ses grandes qualités de chef de savoir dissimuler sa peur.*
                                          André D'Allemagne

---

Je déteste les manifestations. Le seul moyen que j'avais de vaincre ma peur était d'annoncer la manifestation publiquement quelques jours à l'avance. Comme j'étais le chef, je devais y aller. Sinon, je serais resté chez moi. J'ai toujours fait des manifestations parce que je croyais sincèrement et profondément que c'était nécessaire.

Tout le monde a peur dans les manifestations et c'est normal. Je me souviens de la manif contre le train de la Confédération en 1967. Reggie Chartrand et moi étions en avant et nous avions défoncé la clôture pour nous rendre au train. Tout à coup, nous nous sommes retournés et personne ne nous suivait. Tous les militants s'étaient arrêtés à la clôture.

Nous avons raté plusieurs manifestations. Parfois nous attendions cinq cents personnes et il en venait vingt. Mais nous en avons aussi réussi quelques-unes.

*Pierre n'aimait pas faire des assemblées de cuisine. Pourtant il en faisait non seulement le soir mais aussi pendant les fins de semaine. Nous en avons fait au moins 1000 ensemble. Il était d'un grand dévouement.*

Andrée Ferretti

J'étais bon dans les assemblées de cuisine. Ce n'était plus l'orateur qui parlait, c'était le communicateur. Même si ça demande beaucoup de temps, les assemblées de cuisine sont très efficaces sur le plan politique. C'était une partie de l'efficacité du RIN. Dans une foule on peut convaincre du monde mais ce n'est pas très profond. Quand ils rentrent à la maison, ils changent d'idée parce qu'on n'a pas répondu à leurs questions personnelles. Quand on rencontre les gens chez eux c'est souvent qu'ils sont prêts à être convaincus. C'est là qu'on retrouve le vrai monde, avec les vrais problèmes. C'est un contact très chaleureux. Il s'agit de répondre à leurs questions et après ils sont convaincus.

Quand je ne savais plus ce que les gens pensaient, je faisais trois assemblées de cuisine et j'avais le pouls exact. Ils sont à l'aise dans leur décor et ils parlent de ce qui les préoccupent vraiment.

Je me souviens de ma première assemblée de cuisine, dans un sous-sol de Côte-des-Neiges. J'étais avec André D'Allemagne et nous étions sortis de là complètement découragés en pensant qu'ils n'avaient rien compris. Une semaine plus tard, neuf des douze personnes présentes avaient signé leur carte de membre du RIN.

Les assemblées de cuisine c'était ma grande force. J'étais très convaincant.

---

*Je me souviens d'une assemblée, un dimanche après-midi de septembre 1964. Il y avait environ 35 personnes, avocats, notaires, hommes d'affaires, petits bourgeois, entassés dans une maison de Longueuil. Ils nous avaient invités pour rire de nous. Pierre a commencé à parler dans le brouhaha et cinq minutes plus tard nous pouvions entendre une mouche voler. A la fin de l'assemblée, au moins 30 personnes ont signé leur carte de membre. Pierre les avait convaincus.*

Andrée Ferretti

---

*Et les tournées? Aller faire des discours partout à travers le Québec n'était-ce pas aussi du courage?*

Certains voyages ont été très difficiles voire pénibles. Surtout que je n'aime pas voyager!

Le voyage le plus difficile dont je me souviens est celui de Sept-Iles pendant l'hiver 65. Nous étions partis de Matane à 8h le matin et nous devions nous rendre à Sept-Iles où une assemblée était prévue pour le soir. Il faisait une tempête épouvantable, la visibilité était nulle et la route était en glace vive tout le long. Nous sommes finalement arrivés à 19h30 et il n'y avait personne dans la salle. Tout le monde était allé jouer aux quilles car ils ne pensaient jamais que des gars de Montréal oseraient affronter la tempête pour venir parler d'indépendance. Nous sommes allés les chercher à la salle de quilles et l'assemblée a eu lieu.

*Pendant les tournées vous logiez chez les militants?*

Le moins souvent possible. Je l'ai quand même fait plusieurs fois parce que nous n'avions pas d'argent pour rester à l'hôtel. Mais j'étais toujours mal à l'aise d'accepter l'hospitalité des militants parce qu'ils me recevaient trop bien. Ça dépassait de beaucoup le militantisme et c'était même au-delà de la générosité. Partout où j'allais on me recevait comme un roi. On m'offrait le meilleur lit, la meilleure chambre, le meilleur fauteuil, on faisait des tartes, des gâteaux, etc. Les gens sont très chaleureux au Québec. Ils m'ont reçu de façon tellement extraordinaire que c'était intimidant.

Aussi, je préférais rester à l'hôtel parce que j'avais le goût d'être seul quand ma journée était terminée. C'est agréable de rester chez les militants mais il faut continuer à parler de politique et ça devient épuisant parce que ce sont des gens différents tous les soirs.

---

*Bourgault avait un caractère très difficile, cassant et taciturne. C'est un homme d'un commerce humain difficile.*

Marcel Chaput

*Pierre change d'humeur plusieurs fois par jour. Il a très mauvais caractère. Et ce qui est pire, il ne fait pas d'effort pour l'améliorer.*

Guy Boucher

*Quand il était contrarié, il faisait des sorties virulentes et engueulait tous ceux qui se trouvaient autour de lui. S'il n'était pas content, si un détail l'agaçait, il pouvait bouder pendant toute la journée. Et quand il décide de ne pas parler, c'est un mur. Il n'y a rien à faire.*

Pierre Renaud

Ça ne faisait pas partie de ma tactique, j'étais comme ça. Dans ce temps-là j'étais toujours enragé. J'étais très désagréable et je n'essayais même pas de changer. Je n'étais pas bien dans ma peau et j'avais toutes les peines du monde à me supporter moi-même.

Cela avait un seul avantage : ma rage passait aussi sur mes adversaires. Pour ceux avec qui je travaillais ça devait être pénible et invivable.

J'étais très cyclothymique. Je menaçais de démissionner parce que je n'en pouvais plus. J'étais constamment déchiré entre l'action et la contemplation. Aussi, j'avais des principes tellement rigides que je pouvais faire des colères et menacer de démissionner. C'était dans mon tempérament.

En fait, j'ai démissionné une seule fois, le 25 septembre 1967. J'avais l'impression que le RIN était noyauté et que nous allions tout perdre. C'était un truc pour alerter les membres. Ils se sont affolés et ont écouté.

J'ai démissionné à la Nasser, c'est-à-dire en annonçant ma candidature à la présidence du parti lors du congrès qui avait lieu trois semaines plus tard. D'ailleurs j'ai gagné. Le 8 octobre j'ai été réélu. Ce n'était pas du chantage, j'ai mis ma tête en jeu. Il y a une grande différence entre ce que j'ai fait et ce que René Lévesque a fait en disant «si vous ne faites pas ce que je dis je partirai». Moi je n'ai pas menacé de m'en aller. J'ai démissionné en annonçant que je me représentais.

Quand Nasser a démissionné comme moi par la suite, j'ai réfléchi et je n'ai pas trouvé ça très correct. Je ne sais pas si je le ferais une autre fois. Je ne trouve pas ça correct mais il n'y a peut-être pas d'autres moyens...

C'est vrai. Dans les grands moments de désespoir il m'est arrivé de disparaître pendant quelques jours. Ce n'est pas arrivé souvent. C'était surtout des moments de désespoir dans ma vie privée, quand je n'en pouvais vraiment plus.

Par ailleurs, souvent les membres de l'exécutif ont été incapables de me rejoindre parce que je n'avais pas de domicile fixe ou que je n'avais pas le téléphone. Je n'avais pas d'argent pour payer mes comptes et à plusieurs reprises on m'a coupé le téléphone. Je n'osais pas dire que j'étais dans la misère et les autres ne savaient pas ce qui se passait. Je n'ai jamais voulu dire que j'étais mal pris car je ne voulais pas faire du chantage avec ça. J'inventais plutôt des histoires. D'ailleurs je me suis toujours demandé si les autres croyaient vraiment ce que je leur racontais.

---

*Nous savions que Pierre vivait très pauvrement mais il n'en parlait jamais. Il était très fier et ne voulait pas que l'on sache. J'avais trouvé une façon de l'aider sans qu'il s'en aperçoive. Avant les assemblées je l'invitais à souper en disant que ça m'arrangeait qu'il vienne à la maison pour que nous partions ensemble à l'assemblée.*

Andrée Ferretti

---

*Ne vous a-t-on pas reproché de laisser votre vie privée influencer votre vie politique?*

C'est un reproche qu'on m'a fait. J'étais très conscient de ce danger et j'ai fait très attention pour que ma vie privée n'influence pas trop mes décisions politiques. Cependant, on ne fait pas de politique en s'abstrayant du reste du monde. La politique n'est pas détachée de la vie affective des individus.

Je tiens à dire, et c'est très important, que je n'ai jamais réglé mes problèmes personnels sur le dos des militants et des militantes. J'ai fait du transfert bien sûr mais je n'ai jamais tenté de régler mes problèmes par la politique.

La politique tout en étant très sérieuse dépend aussi des émotions de ceux qui la font.

*Au RIN toute la publicité était centrée sur vous. Certains en ont déduit que vous entreteniez le culte de la personnalité.*

Je n'avais rien à voir dans ça, ce n'était pas une décision personnelle. C'est une série de décisions collégiales et l'accumulation de détails qui ont fait que ça ressemblait à un culte de la personnalité. Je suis resté président plus longtemps que les autres. Le culte de la personnalité se développe autour d'un chef après quelques années s'il est assez fort et s'il a de la gueule. Ça arrive surtout autour des chefs charismatiques.

Nous faisions beaucoup d'assemblées et j'étais toujours la vedette. Les gens venaient pour m'entendre. Je ne pouvais quand même pas rester chez moi.

Je suis contre le culte de la personnalité inconditionnel et en même temps je trouve ridicule de refuser d'incarner une idée dans une personne. J'admets que c'est dangereux parce que ça dégénère souvent en culte de personnalité. Cependant c'est presque nécessaire pour donner une couleur aux idées. Sinon l'idée demeure abstraite. Une idée s'incarne plus facilement en passant par un visage.

Je n'ai jamais dit «non je ne suis pas le chef; je suis un membre comme les autres». Ce n'était pas vrai. J'ai toujours refusé la modestie spectaculaire. La pire des vanités est de faire semblant de s'abaisser. Ceux qui disent «je veux être un gars ordinaire» n'ont qu'à rester chez eux. Quand Charlebois chantait «je suis un gars ben ordinaire» je lui avais dit «si t'étais ordinaire on ne paierait pas pour aller t'entendre».

---

*Toute la publicité du RIN était centrée sur Bourgault uniquement pour des raisons de rentabilité. Nous vendions des calendriers et des posters pour financer le parti et nous avions évidemment plus de chances de vendre un poster avec la photo de Bourgault qu'avec le sigle du RIN. Bourgault n'a jamais couru après ça.*

Pierre Renaud

---

*Vous aimez être le chef?*

J'aime être le chef. Quand je le suis je prends toute la place. Et quand je ne le suis pas, je ne joue pas au petit chef.

Que je sois le premier ou le dernier, ça ne me dérange pas. Mais je ne peux pas supporter d'être le deuxième. Je veux être le chef ou rien du tout. Ce sont les deux seules positions de liberté. Je ne peux supporter les postes intermédiaires qui finalement n'offrent aucun pouvoir et les reproches des uns et des autres. Avec moi c'est tout ou rien. Si je n'ai aucun poste, il me reste le pouvoir de mon influence.

*Pierre est à l'aise quand il est en vedette.*

André D'Allemagne

C'est vrai. Cela est dû à deux choses: ma vanité et ma timidité.

J'aime et je veux avoir la vedette. Si je ne l'ai pas, je veux être ignoré car je déteste déranger. Je suis très mal à l'aise si le monde dit «on veut Bourgault» alors que je ne suis pas annoncé au programme. Je préfère être incognito dans la salle parmi tout le monde.

Je me souviens d'une assemblée à l'aréna Maurice Richard pour la présentation des candidats aux élections de 1970. J'étais sur la scène avec les autres candidats et il n'était pas prévu que je parle. Tout à coup les gens ont commencé à crier «on veut Bourgault». J'étais terriblement mal à l'aise et je voyais Lévesque qui se prenait la tête à deux mains. Il y avait de plus en plus de gens qui criaient «on veut Bourgault» et de plus en plus fort. Je craignais qu'on pense que j'avais pacté l'assemblée, ce que du reste je n'ai jamais fait. Finalement Gilles Grégoire dans le but de calmer la foule m'a invité à parler. J'aurais pu parler longtemps; j'ai parlé deux minutes seulement parce que je n'étais pas en vedette ce soir-là et je ne voulais pas la prendre. Ce fut la première fois que Lévesque et moi avons pris la parole en public lors d'une même assemblée. Jusque là, il m'avait soigneusement évité.

Je déteste faire du porte à porte car j'ai l'impression de déranger les gens. Je préfère arriver en limousine précédée de motards chez des gens qui m'attendent ou qui se sont déplacés pour venir m'entendre. Au moins, je sais que je ne les dérange pas. Ce n'est pas de la vanité, c'est de la timidité.

Il y a aussi plusieurs avantages à être la vedette et beaucoup de privilèges. C'est pour ça que je ne me suis jamais plaint de mon sort.

---

*Bourgault est un homme politique mais non un politicien. Il n'accepterait pas n'importe quel compromis pour faire de la politique. Pour lui, la politique est un outil parmi d'autres qui vise avant tout la réforme de la société.*

Robert Bourassa

*Bourgault est créateur et inventif mais inapte aux calculs politiques.*

André D'Allemagne

*Plus qu'un homme politique, Bourgault est avant tout un grand nationaliste. La stratégie ou la tactique ne l'intéressent pas.*

Andrée Ferretti

---

*Votre rapport à la politique est perçu différemment selon les individus. Vous considérez-vous comme un homme politique?*

Je me considère sans aucun doute comme un homme politique. Un drôle d'homme politique, peut-être... J'ai fait de la politique et même de la très bonne politique. Je n'ai jamais réussi à me faire élire mais le RIN a été une entreprise réussie. J'ai fait de la politique sans faire de carrière politique.

Je ne fais pas de stratégie politique et sur le plan de la tactique je ne suis pas très fort. J'y vais à l'instinct. A long terme mon intuition est assez fiable. A court terme, c'est différent; je gagne rarement pour ne pas dire jamais. J'ai des idées avant les autres. C'est ce qui fait que quelques années plus tard on me donne raison.

Je n'aurais peut-être pas fait de politique s'il n'y avait pas eu la cause de l'indépendance. D'ailleurs j'ai laissé la politique avant l'indépendance. Mais j'ai beaucoup aimé la politique. Elle a pris beaucoup de place dans ma vie; elle a été fondamentale. Ma vie s'est organisée autour de la politique pendant plusieurs années.

*Politiquement vous êtes un homme de crise.*

Je suis un homme de crise en politique autant que dans ma vie privée. La crise me calme et me donne beaucoup de lucidité. Dans une période calme je m'ennuie. C'est dans ce temps-là que j'ai tendance à jeter de l'huile sur le feu et à faire de la provocation délibérée. Dans une crise je tiens les rennes et je suis à mon meilleur. C'est une question de tempérament. Churchill était un homme de crise tandis que Lévesque panique dans l'adversité.

---

*Dans les périodes de crise, il est lucide et honnête. Il fait aussi preuve de beaucoup de rigueur.*
René-Homier Roy

*C'est un gars de défis. Les défis le stimulent. Pierre se bat contre l'ennui et c'est pour ça qu'il fait tant de choses.*
Louise Latraverse

---

*Lorsque les élections de 1966 sont annoncées, le RIN n'est pas pris au dépourvu. Vous étiez déjà prêt à vous engager dans la lutte électorale.*

Depuis deux ans nous avions commencé à élire nos candidats. Le RIN a toujours fait des conventions démocratiques même si c'était difficile à certains moments. Nous avions réussi à trouver 73 candidats à travers le Québec. Nous n'avions pas vraiment l'embarras du choix car les candidats étaient plutôt rares. Dans certains comtés nous prenions qui voulait bien se présenter. Ce n'était pas tout le monde qui était prêt à s'afficher candidat du RIN en 1966. Ça prenait une certaine détermination.

*C'est à ce moment que vous invitez Chaput à revenir au RIN.*

J'ai invité Marcel Chaput à se présenter sous la bannière du RIN parce que nous avions besoin de lui. Chaput a fait beaucoup pour l'indépendance du Québec et je croyais sincèrement qu'il pouvait encore servir cette cause à l'intérieur du RIN puisque son parti républicain n'existait plus depuis janvier 1964.

---

*Bourgault est sans rancune. Il m'a invité lui-même à devenir candidat du RIN.*

Marcel Chaput

---

*Votre difficulté à trouver des candidats s'explique sans doute par l'image de violence dégagée par le RIN à ce moment-là.*

Nous avions effectivement une image de violence. On nous accusait d'être des bandits et même des assassins. Des policiers assistaient à toutes nos assemblées. Nous les reconnaissions facilement et je les pointais du doigt pour les faire payer quand nous passions le chapeau à la fin de chaque assemblée.

Notre image de violence provenait de nos manifestations et aussi des attentats revendiqués par le FLQ. Je continuais à refuser de dénoncer les gars du FLQ; je disais que nous n'étions pas d'accord avec eux mais que nous les comprenions.

De plus les libéraux avaient sorti leur discours terroriste pour faire peur au monde. Lesage disait continuellement qu'il écraserait les séparatistes tandis que Wagner clamait «la prison pour les séparatistes si je suis réélu».

*Le RIN n'avait-il pas tenté de conclure une entente avec le RN pour le temps de la campagne électorale?*

La tentative a échoué. Nous souhaitions conclure une entente pour que le RIN et le RN ne présentent pas de candidats dans les mêmes comtés afin de ne pas diviser inutilement le vote indépendantiste.

Pierre Renaud et moi avions rencontré Gilles Grégoire dans un motel près de l'autoroute, à Drummondville, pour lui présenter notre proposition. Le RN était d'accord avec le principe de ne pas diviser le vote indépendantiste mais il avait une autre stratégie. Grégoire voulait présenter des candidats dans tous les comtés à l'est de Québec et nous laisser tous les autres comtés de l'Ouest de la province. Evidemment ça n'avait aucun bon sens et les négociations ont avorté. De toutes façons, aujourd'hui je pense que ça n'aurait rien changer aux résultats des élections.

Le RN a présenté 90 candidats mais ça ne voulait rien dire parce qu'il y avait un grand nombre de «poteaux». Le RIN était beaucoup mieux organisé que le parti de Gilles Grégoire et c'est nous qui avons enlevé au parti libéral le vote des jeunes, des étudiants et des intellectuels en milieu urbain.

*Le projet d'alliance avec l'Union nationale de Daniel Johnson a aussi avorté.*

Cette alliance n'a jamais existé même si plusieurs unionistes et plusieurs rinistes la souhaitaient. Johnson aurait été prêt à l'accepter mais je ne voulais rien savoir.

Dès le lendemain de l'annonce officielle des élections, Johnson m'a invité à le rencontrer. Je me suis rendu à son bureau de la rue Dorchester en me doutant bien de ses intentions. Il aurait souhaité que nous unissions nos forces contre le parti libéral. Toutefois il n'a pas osé me le demander ouvertement. Johnson était un fin causeur et un brillant stratège.

Après deux heures de conversation au cours desquelles nous avons abordé une foule de sujets sans parler directement des élections, Johnson a glissé adroitement que ce serait bien si nous faisions équipe. «Monsieur Bourgault, ce serait extraordinaire ce que nous pourrions faire ensemble» m'a-t-il dit. Nullement ébranlé et frondeur comme d'habitude, je lui ai répondu «Monsieur Johnson, tout ce que nous pourrions faire ensemble, nous pouvons le faire tout seuls au RIN». Il s'est exclamé «Ah, j'aurais dû m'en douter!» Cela mit fin à l'entretien qui fut du reste très agréable.

Johnson qui avait publié son livre *Egalité ou Indépendance* trois mois avant les élections, s'est bien gardé d'attaquer les séparatistes pendant la campagne électorale. Il a préféré nous ignorer et s'acharner lui aussi contre Lesage. Contrairement au chef libéral, Daniel Johnson m'aimait beaucoup et il n'a jamais dénoncé le RIN.

*Quels étaient vos véritables espoirs lors des élections de 1966?*

Nous n'avions aucun espoir de gagner. J'avais prédit 10% du

vote et pas un seul député. Tout de même je souhaitais sincèrement gagner dans mon comté de Duplessis et j'ai tout fait pour être élu. J'ai donné tout ce que je pouvais. Normalement nous aurions dû remporter un ou deux comtés.

*Pourquoi avoir choisi Duplessis comme comté?*

Parce qu'il y avait un travail fou à y abattre et que les gens y avaient toujours été négligés ou oubliés. J'aimais la côte nord et ceux qui y vivaient. J'avais aussi une autre raison: honnêtement je croyais avoir de bonnes chances d'être élu dans Duplessis. Je travaillais dans ce comté depuis au moins deux ans. J'ai fait campagne d'un bout à l'autre de Duplessis, en traîneau à chiens, en chaloupe, en auto et en avion. Des membres payaient mes transports et souvent je logeais chez des militants. Ma campagne m'a coûté seulement $800.

Le comté était si grand que je prenais des cours de pilotage et je profitais de mes cours pour me déplacer dans mon comté. J'ai toujours beaucoup aimé les petits avions. Je n'ai jamais volé tout seul parce qu'après la campagne je n'avais plus le temps de poursuivre mes cours. J'ai quand même pris les commandes à quelques reprises lorsque mon instructeur était à mes côtés.

Pendant la campagne j'étais partout à la fois. Je parlais jusqu'à treize heures dans une journée, je dessinais mes affiches, j'écrivais mes communiqués. J'ai donné tout ce que je pouvais physiquement. J'ai dépassé mes forces. Cet abus m'a fait plus de mal que tous les autres abus dans ma vie. Physiquement je n'ai plus jamais été le même.

J'ai fini ma campagne à Rivière-au-Tonnerre et j'ai pris l'avion pour rentrer à Sept-Iles le matin de l'élection. J'étais aux commandes au moment de l'atterissage et il faisait un temps magnifique. Ensuite je me suis assis dans le hall de l'Hôtel Sept-Iles où la vue donne sur la mer et c'est là que j'ai connu le plus grand moment de satisfaction de toute ma vie. Pendant une minute j'ai été satisfait et heureux. J'avais tout donné, je n'avais rien négligé.

Plus tard, quand je suis revenu à Montréal, il y avait 300 ou 400 militants qui m'attendaient à l'aéroport et c'était le délire.

---

> *Bourgault a fait une campagne extraordinaire dans Duplessis. Au départ, il était handicapé par le manque d'argent à cause de la grande étendue du comté.*
>
> Pierre Renaud

> *Si Bourgault avait été élu dans Duplessis ça aurait changé beaucoup de choses dans la politique québécoise.*
>
> Marc Lavallée

---

*Le RIN a fait une campagne étonnante compte tenu des moyens qu'il avait.*

Nos moyens étaient pour ainsi dire réduits. Notre campagne nous a coûté seulement $35 000 mais nous étions tellement militants que nos adversaires pensaient que nous possédions des millions. Nous avions des affiches partout et même un journal. Le RIN n'avait pas l'air d'un parti pauvre. C'était surtout grâce à nos militants qui faisaient tout gratuitement. Avec $1 nous faisions ce qui en coûtait $50 aux libéraux. Nos militants affichaient un enthousiasme délirant. Plusieurs se sont imposés des sacrifices énormes parce qu'ils croyaient à la cause de l'indépendance. Les membres du RIN ont abattu un travail admirable qui a porté des fruits évidents. Le RIN comptait plusieurs bons communicateurs et nous arrivions à diffuser notre message efficacement. Nous étions très bien couverts par les médias. Quant à notre discours, il était tout à fait hystérique comme celui de tous les mouvements qui commencent.

Nos adversaires se demandaient d'où provenait l'argent que nous n'avions pas mais que nous avions l'air d'avoir à cause de notre omniprésence aux quatre coins du Québec. C'est à ce moment qu'on a commencé à nous accuser de recevoir de l'argent des communistes. On nous a supposé des alliances avec Cuba et même avec Moscou. Pour nos adversaires le triangle Cuba-Québec-Moscou ne faisait aucun doute.

*C'était la première fois dans l'histoire du RIN que vous faisiez campagne contre les libéraux puisqu'en 1960 et 1962 vous recommandiez aux militants du mouvement RIN de voter libéral. D'où venait ce revirement?*

Nous ne pardonnions pas à Lesage ses mesures répressives et son arrogance envers les indépendantistes. De plus, le souvenir du samedi de la matraque était encore bien présent dans l'esprit de nos militants.

Notre but était de faire perdre des votes aux libéraux et nous nous acharnions spécialement contre Lesage puisque toute la campagne libérale était centrée sur son chef. Cela nous facilitait la tâche. Il suffisait d'attaquer Lesage pour faire battre les libéraux. D'ailleurs l'Union nationale a adopté la même stratégie. C'était amusant de faire campagne contre Lesage. Je l'ai dénoncé tant et plus sans jamais le rencontrer pendant la campagne électorale.

*Le thème de la campagne du RIN était «On est capable». N'étiez-vous pas le concepteur de ce slogan?*

Au tout début «On est capable» n'était pas un slogan. C'est une phrase que je répétais souvent dans mes discours et avec le temps elle s'est imposée d'elle-même comme slogan du parti.

Le programme du RIN était très clair pendant la campagne. Nous réclamions la séparation du reste du Canada et le français comme langue officielle pour le Québec. Nous préconisions des mesures sociales et économiques pour un meilleur partage de nos richesses naturelles et finalement nous insistions pour que la minorité anglaise soit traitée de la même façon que les minorités françaises dans le reste du Canada. Cela signifiait la suppression des subventions aux écoles anglaises.

*Quelques jours avant l'élection vous aviez triomphé de façon éclatante à Montréal-Nord.*

Ce n'était pas un triomphe personnel. Les applaudissements ne s'adressaient pas à moi. C'était plutôt la foule qui s'applaudissait elle-même et se donnait en spectacle. C'était une sorte de happening, un événement fantastique, un délire joyeux.

Lors de cette assemblée à l'aréna de Montréal-Nord le 1er juin, je devais faire le discours le plus important de toute la campagne. J'avais consacré plusieurs heures à le préparer avec des économistes. Ça aurait pu être un très bon discours mais je ne l'ai pas fait. Je l'ai plutôt mis dans ma poche car c'était impossible de parler; la foule était très excitée et n'avait pas le goût d'entendre parler d'économie. Il y avait là 6000 personnes débordantes d'enthousiasme. C'est la première fois qu'une foule se manifestait de telle façon et le maire Yves Ryan qui était le maître de cérémonie n'en revenait pas.

*Je ne me suis pas très bien rendu compte de ce qui se passait* car j'étais complètement drogué. C'était la fin de la campagne et le médecin me prescrivait des remontants, des calmants, des pilules pour la gorge, etc. afin que je tienne le coup jusqu'à l'élection.

J'étais heureux de l'enthousiasme de la foule mais ce n'était pas intéressant comme assemblée parce que beaucoup trop débridé.

*Avez-vous été déçu des résultats du vote?*

Oui et non. J'ai été déçu de ne pas être élu dans Duplessis. C'était une déception profonde mais non insurmontable. J'étais très heureux d'avoir obtenu 53% du vote dans la ville de Sept-Iles. Ce fut la première ville indépendantiste au Québec. D'ailleurs je n'ai jamais pardonné au Parti Québécois d'avoir perdu cette majorité par la suite.

La campagne de 1966, même sans aucun candidat élu, demeure une des gloires du RIN parce que nous avons pu nous compter. Nous avons réussi à faire battre les libéraux et tous ont dû nous reconnaître ce mérite. Sans les partis indépendantistes, les libéraux auraient pu remporter la victoire dans treize autres comtés.

Le RIN a été un facteur de nuisance très important sans compter que nous sommes arrivés deuxième dans trois comtés: Duplessis, Outremont et Laurier. Le RIN et le RN ont recueilli 9.3% du vote et 220 000 voix alors que Johnson a pris le pouvoir avec 850 000 votes. Pour sa part, le RIN est allé chercher tout seul 160 000 voix avec 952 membres en règle ce qui est un exploit.

---

*Si on examine le vote du RIN en 1966, on se rend compte que*

*Bourgault avait réussi à rallier le quart des jeunes francopho-
nes. C'est important.*

Robert Bourassa

---

## Que pensiez-vous de Daniel Johnson?

Je ne l'ai pas connu beaucoup mais je l'ai aimé instantané-
ment. Il était chaleureux, intelligent et très humain. Il aimait
vraiment les gens et c'est le seul politicien que j'ai vu
embrasser des bébés avec plaisir. D'autres et moi-même
l'avons fait par obligation. Johnson débordait de générosité.

Il a été un très bon premier ministre à sa manière, c'est-à-dire
à la manière léniniste: deux pas en avant, un pas en arrière.

Johnson est un homme que je respectais. D'ailleurs ses
funérailles sont les seules auxquelles j'ai assisté à l'exception
de celles de mes parents.

### Croyez-vous que Johnson aurait fait l'indépendance?

Johnson m'a déjà dit «je ne peux pas faire l'indépendance,
regardez comment je suis entouré; mais je vais la préparer».
Il méprisait son entourage et avec raison car il était effectivement très mal entouré. En devenant premier ministre, Johnson
a farci la fonction publique d'indépendantistes et ça ne le
gênait pas du tout.

Quand il disait «pas nécessairement l'indépendance mais
l'indépendance si nécessaire», je crois qu'il était sincère. Le
débat constitutionnel aurait sans doute été très différent avec
Johnson premier ministre.

Johnson n'a jamais parlé contre les indépendantistes à l'exception d'une seule fois, quand il avait déclaré à Hawaï qu'il ne voulait pas d'un mur de Chine autour du Québec.

*Daniel Johnson vous accordait une reconnaissance officielle de chef de parti. Ne vous avait-il pas invité à l'ouverture de la session?*

Il ne m'avait pas invité mais j'étais déterminé à y aller et j'étais prêt à faire un scandale. Avec près de 10% du vote pour les indépendantistes, je me croyais justifié de répondre au discours du trône. Johnson a été informé de mon intention et il m'a laissé entrer.

C'est à cette occasion que j'ai rencontré Jean Lesage pour la première et la dernière fois. J'avais prévu répondre au discours du trône dans une conférence de presse qui suivrait immédiatement l'ouverture de la session. Je voulais préparer un texte et je cherchais un coin pour travailler quand j'ai rencontré Yves Michaud qui m'a offert son bureau. Pendant que je travaillais Lesage est entré. C'était la première fois que nous nous voyions de près. Il a d'abord sursauté. Je lui ai demandé «Monsieur Lesage êtes-vous comme moi, trouvez-vous difficile d'attaquer Monsieur Johnson? Il se dérobe toujours. Il n'est pas comme vous qui répétez continuellement les mêmes bêtises.» Dans un grand soupir, Lesage laissa échapper «monsieur Bourgault» et sortit précipitamment du bureau. Je ne l'ai plus jamais rencontré.

D'ailleurs j'ai combattu des hommes que j'ai peu connus. Je n'ai jamais rencontré Pearson et Diefenbaker et j'ai rencontré Trudeau quelques fois seulement.

Je me souviens d'une assemblée au Monument national quand Trudeau est soudainement arrivé. J'ai commencé à le critiquer et la foule a réagi aussitôt en le huant. Après l'assemblée, Trudeau m'a dit que j'avais été bien cruel envers lui. Je lui ai répondu qu'il avait seulement qu'à ne plus venir à mes assemblées. Mes rencontres avec Trudeau ont toujours été civilisées sans plus.

*Quels sont vos sentiments envers Trudeau?*

Je le méprise. Il est poseur et inculte. Trudeau a son dictionnaire de citations à côté de lui et il n'a aucune culture. Il a fait le tour du monde en se regardant le nombril et il n'a jamais rien compris.

Par contre, je reconnais son habileté extraordinaire et sa force. Quand Trudeau décide d'aller quelque part, il y va. C'est un homme qui n'a pas de principes.

Lors du référendum il a décidé qu'il ferait ce qu'il avait à faire, quel qu'en soit le prix. C'est ce qui fait qu'il gagne et moi je respecte les gagnants. Quand il est en position de faiblesse il recule mais quand il est en position de force, il écrase. Trudeau sait que la politique est un rapport de forces. C'est pour ça que nous ne pouvons pas gagner à long terme.

Mais Trudeau n'a pas gagné sur toute la ligne. Tout comme Lévesque il a raté son entreprise. Son grand rêve d'un Canada bilingue ne s'est jamais réalisé.

Trudeau a été un très bon ministre de la Justice et un drôle de premier ministre. Il serait facile à combattre mais il réussit à faire peur à tout le monde. N'étant pas un bon debater, il refuse les débats.

*On dit que vous avez longtemps rêvé d'un débat avec Trudeau.*

Je lui ai proposé un débat public à plusieurs reprises. D'ailleurs j'ai offert des débats à plusieurs hommes politiques mais peu ont accepté. Je comprends que ceux qui sont au pouvoir n'ont pas intérêt à faire des débats parce qu'ils peuvent seulement y perdre des plumes. J'ai toujours reproché aux hommes politiques de monologuer chacun de leur côté, ce que j'ai fait moi aussi par la force des choses.

Les débats sont utiles et je déplore qu'il n'y en ait presque plus. Les débats à la télévision offrent peu d'intérêt comparativement aux débats publics car les règles sont trop strictes; il n'y a plus de plaisir pour personne. Quand j'ai fait des débats avec Bourassa nous avions accepté d'un commun accord qu'il n'y ait aucune règle. Et ça a bien marché. Cependant, ce n'est pas tous les hommes politiques qui peuvent accepter cela.

---

*Bourgault est excellent dans un débat. Il est rapide, sarcastique et efficace; il n'est jamais mesquin.*

Robert Bourassa

---

*Vous avez fait plusieurs débats avec Bourassa sur la question nationale.*

Notre premier débat était à Bedford en 1967 sur l'économie. J'aimais beaucoup faire des débats avec Bourassa et pendant le référendum nous en avons fait plusieurs en peu de temps sur la question nationale. On nous demandait partout. Quand on annonçait un débat Bourgault-Bourassa il y avait foule.

Finalement nous avons décidé de ne plus en faire parce que

ça devenait ridicule. C'était comme un spectacle de vaudeville que nous promenions à travers le Québec. A mesure que nous faisions des débats, l'intérêt diminuait parce que nous savions ce que l'autre allait dire et en plus, nous commençions à nous ménager.

---

*Nous formions un duo hors pair. Nous avons mis terme à nos débats d'un commun accord parce que ça devenait du théâtre politique, un peu burlesque.*

Robert Bourassa

---

*Quand la visite du Général de Gaulle a été annoncée, quelle a été votre réaction?*

Nous ne savions trop à quoi nous attendre mais nous ne pouvions que nous réjouir. Nous en avons longuement discuté avant d'adopter une position officielle. Nous voulions utiliser cette visite à notre avantage et nous en servir pour faire valoir nos idées. Nous avons décidé de l'entourer continuellement de nos pancartes du RIN afin que, sur les photos du Général publiées dans le monde entier, on puisse voir que les Québécois avaient des revendications. Mais la situation était délicate. Nous ne devions pas donner l'impression que nous étions à la remorque de la France.

Environ un an avant la visite de de Gaulle, deux hommes sont venus au secrétariat du RIN pour savoir de quelle façon nous prévoyions recevoir le Général. A ce moment le gouvernement français était l'un des mieux informés au monde. Je leur ai répondu que nous allions très bien le recevoir.

La visite de de Gaulle s'est déroulée exactement comme nous l'avions prévue, le «vive le Québec libre» en sus. Nous avions des membres partout, tout au long du parcours. Nos militants ont suivi le Général de Québec à Montréal.

*Vous aviez aussi invité les Québécois à recevoir de Gaulle chaleureusement.*

Oui, mais attention! J'invitais les Québécois à recevoir de Gaulle non pas en tant que représentant d'une nation folklorique mais bien en tant que chef d'une France moderne avec laquelle nous souhaitions des liens de plus en plus étroits. De Gaulle avait fait la preuve qu'un pays peut être à la fois indépendant et jouer un rôle international important. En fait, de Gaulle démontrait qu'il n'y avait pas d'internationalisme possible sans une véritable indépendance, ce qui était la thèse du RIN. C'était par souci d'internationalisme que nous souhaitions l'indépendance du Québec.

Je faisais aussi des mises en garde. Je répétais régulièrement que nous ne devions pas attendre que la France nous reconnaisse en tant que nation si nous n'avions pas la volonté de nous reconnaître nous-mêmes comme telle. J'ai répété à satiété que c'était à nous de réaliser notre libération de l'emprise tant américaine que canadienne.

*Avez-vous suivi le Général de Québec à Montréal?*

Non. J'ai passé la journée du 24 juillet chez moi. J'ai écouté le compte rendu de son voyage à la radio toute la journée. C'était vraiment un événement-radio. Un peu avant qu'il arrive à Montréal, je me suis rendu à l'Hôtel de ville. J'étais tout seul. Je me souviens qu'il faisait beau et j'ai marché.

A la radio, j'avais senti le délire partout sur son passage. Le

Général était acclamé au-delà de nos prévisions.

J'étais dans la foule, devant le balcon de l'Hôtel de ville, quand le Général a crié «vive le Québec libre». J'ai été très surpris. Je ne croyais pas qu'il irait si loin. En même temps, j'étais très heureux voire euphorique. Je répétais à l'intention de ceux qui étaient autour de moi «il l'a dit, il l'a dit!» J'étais incapable de dire autre chose.

*Ne croyez-vous pas que de Gaulle ne s'est pas mêlé de ses affaires?*

Certainement. De Gaulle ne s'est jamais mêlé de ses affaires. C'était un de ses points forts. C'est un des seuls hommes d'Etat qui est demeuré contestataire au pouvoir. Il n'a jamais cessé de contester. Le référendum qu'il a perdu sur la régionalisation, c'était aussi de la contestation.

Cependant, au Québec, de Gaulle n'a fait qu'interpréter la situation. Il ne l'a nullement créée de toutes pièces comme certains l'ont imaginé.

*Pourtant vous avez dénoncé vertement ceux qui protestaient contre l'intrusion du Général dans les affaires intérieures du Canada.*

Je n'ai jamais eu la chance de dire que de Gaulle ne se mêlait pas de ses affaires parce que personne ne m'a jamais posé la question. Il y avait déjà tous les Anglais qui disaient que de Gaulle ne se mêlait pas de ses affaires; je n'avais pas besoin de renchérir. J'ai dit aux Anglo-saxons qui depuis toujours s'introduisent dans les affaires intérieures de tout le monde et des nôtres, d'avoir la décence de se taire.

Sans compter que ça faisait drôlement notre affaire que le

Général ait prononcé «vive le Québec libre». Ça faisait avancer la cause de l'indépendance au Québec et ça lui donnait de la respectabilité. Ça légitimait d'un coup nos revendications. Le cri du Général a été très rentable pour le RIN. Pendant les deux mois qui ont suivi sa visite, le nombre de nos membres a doublé. De Gaulle a offert beaucoup de publicité au RIN et à la cause de l'indépendance.

*On dit que Johnson n'aurait pas tellement apprécié cette publicité donnée en prime au RIN. Les historiens rapportent qu'il aurait répondu au Général qui s'inquiétait de l'avoir embêté «vous avez lancé le slogan d'un parti adverse». En fait, «vive le Québec libre» n'était pas le slogan du RIN.*

Non, ce n'était pas notre slogan dans le vrai sens du mot mais nous parlions souvent du Québec libre au RIN. C'est une expression que j'employais régulièrement sauf que ce n'était pas notre cri de ralliement et je ne finissais pas mes discours par ces mots. Ce n'était pas mon style. J'ai toujours trouvé ridicule de finir un discours en criant. Habituellement, je monte graduellement et vers la fin, je baisse le ton pour finir tout bas.

J'ai terminé un discours par «vive le Québec libre» pour la première fois le 2 août, lors d'une assemblée qui avait pour but de faire le bilan du voyage du Général de Gaulle. Ce fut l'un des meilleurs discours de ma vie, l'un des plus enlevants j'étais ruisselant de sueurs. Après l'assemblée, un journaliste m'a demandé pourquoi j'avais terminé mon discours de cette façon. Je lui ai répondu: «vous voyez, je suis les leçons du Général».

*Si la visite de la reine a mis le RIN sur la carte on peut dire que la visite de de Gaulle a mis le Québec sur la carte du monde.*

C'est très juste. Si de Gaulle n'avait pas fait ses déclarations au Québec, nous n'aurions jamais pu aller prononcer des conférences en France, car le Québec était très peu connu des Français. Après la visite du Général tous les Français non seulement connaissaient l'existence du Québec mais ils étaient intrigués par ce qui se passait chez nous et ils voulaient en savoir plus. Ils avaient soif d'entendre parler du Québec et désiraient connaître nos revendications. Le temps était propice pour aller diffuser notre message là-bas. Un étudiant québécois en sciences politiques à Paris a organisé une tournée de conférences à travers la France à l'automne 1967.

*Et ce voyage fut un véritable succès.*

Le voyage était prévu pour deux semaines. Nous sommes restés trois semaines et nous aurions facilement pu rester deux mois. Les demandes affluaient de toutes parts dès que la nouvelle s'est répandue que nous étions à Paris. J'ai fait le voyage en compagnie de Pierre Renaud.

Ce fut un voyage extraordinaire. Nous étions très jeunes (je n'avais que 33 ans) et nous n'avions jamais frayé dans le monde des politiciens. Nous avons joué jusqu'au bout et nous avons été très bons. Les Français nous appelaient toujours Monsieur le Président et Monsieur le Secrétaire général; c'était à la fois drôle et impressionnant.

Nous avons été reçus avec chaleur et compréhension. Nous étions invités à déjeuner et à dîner tous les jours, si bien qu'à la fin nous n'étions plus capables de manger. Pendant la journée il y avait les rencontres non officielles et le soir c'était les conférences. Nous avons rencontré plusieurs Français haut placés qui savaient tout du Québec; plusieurs étaient indépendantistes.

*Vous logiez tout près de l'Elysée, n'est-ce pas?*

En arrivant à Paris nous nous sommes installés tout à fait par hasard à l'hôtel Castiglione, rue du Faubourg Saint-Honoré. Cet hôtel était situé en face de l'ambassade britannique et à deux pas de l'Elysée. Les journalistes français étaient très intrigués. Ils voulaient savoir pourquoi nous logions si près de l'Elysée, question à laquelle nous nous efforcions de ne pas répondre. Ils nous demandaient à quel moment nous devions rencontrer le Général, ce à quoi nous ne répondions pas non plus. Ne voulant pas rater notre rencontre avec De Gaulle, les journalistes ont pris le parti de nous suivre sans arrêt. Ce fut très bon pour notre publicité et nous en avons profité. Evidemment nous n'avons jamais rencontré le Général et cela n'avait même jamais fait partie de nos projets.

De Gaulle s'intéressait à notre visite et c'est lui qui, par l'intermédiaire du journaliste Pierre-Louis Mallen, nous a ouvert les portes de l'ORTF qui au début ne voulait pas que nous soyions interviewés devant ses caméras de télévision.

*Le gouvernement d'Ottawa s'inquiétait de vous savoir en France. N'avait-il pas dépêché un «espion»?*

Eh oui! Ottawa nous a envoyé le député Auguste Choquette avec la mission de faire contrepoids à notre action. C'était une manœuvre plutôt naïve. Aussitôt arrivé à Paris, Choquette m'a téléphoné pour suggérer une rencontre. Compte tenu que nous étions tous les deux Canadiens français, il voulait que nous discutions même si nous n'étions pas du même parti. Evidemment je n'avais pas de temps à perdre avec Choquette. J'ai refusé carrément. J'avais des rencontres plus intéressantes à faire.

*Réceptions et assemblées importantes se sont entremêlées.*

Exactement. En arrivant à Orly nous avons eu droit à une réception semi-officielle. Pour des raisons de protocole et de diplomatie le gouvernement français devait se montrer discret. Ensuite nous avons été reçus par le Conseil de ville de Paris chez Drouant. Cette rencontre a été tout à fait loufoque. Nous avons bu et parlé de cul. Ce fut une vraie fête.

D'autre part, nous avons eu des rencontres très sérieuses. Par exemple, nous avons eu une discussion fort intéressante lors de notre visite au Quai d'Orsay. Nous avions marché au moins un kilomètre dans les couloirs avant de parvenir au bureau du directeur des Affaires d'Amérique qui nous a reçus secrètement, après les heures de travail. Il était séparatiste depuis 1936, c'est-à-dire depuis un voyage à Ottawa pendant lequel il avait saisi le gouffre qui séparait les Canadiens français des Canadiens anglais.

Nous avons aussi été reçus chez Edgar Pisani, ancien ministre de de Gaulle. Il avait invité cinq ou six économistes. Cette rencontre devait demeurer secrète mais quand nous sommes descendus du taxi qui nous conduisait à la résidence de Pisani, des photographes sont sortis de je-ne-sais-où pour prendre notre photo. De véritables paparazzi. Nous n'étions pas habitués à cela.

Ce dîner chez Pisani a été une véritable épreuve. Je suis capable de tenir un discours économique cohérent mais l'économie n'est pas ma principale force. J'ai fait parler les économistes invités de Pisani beaucoup plus que j'ai parlé. J'étais très content et surtout soulagé quand le repas fut terminé.

*Il y eut aussi la visite chez Madame de Rieu dans un salon du XVIe arrondissement.*

Je ne sais toujours pas qui est Madame de Rieu mais tout le

gratin français était là. C'était une conférence très officielle. Il y avait 125 personnes dans son salon. Ce n'était pas mon monde mais je savais vivre, je savais tenir des rôles et j'avais déjà vu des films. J'ai donc envoyé des fleurs à Madame de Rieu avant mon arrivée. Je me suis dit c'est moi l'invité et je n'ai pas à ramper. Sans être baveux, j'ai beaucoup d'assurance dans de telles circonstances.

Tout s'est bien passé du début à la fin. J'ai fait un discours en vantant les mérites de de Gaulle; j'ignorais qu'il y avait trois généraux anti-gaullistes parmi les invités. Avant de partir un général est venu me voir et m'a dit «monsieur Bourgault nous n'avons plus d'orateur comme vous en France». Je lui ai répondu avec toute mon assurance : «mais si, il vous en reste UN».

*Après Paris, ce fut la tournée en province.*

Nous étions invités par le Club socialiste de l'Université de Grenoble. Il y avait là 100 personnes représentant tous les différents courants de la gauche. On me présenta comme le «camarade» Bourgault. Moi qui me pensais à gauche et qui était considéré au Québec comme un radical, j'ai vite compris que la vraie gauche était bien loin de ce que je prêchais. La plupart d'entre eux trouvaient que Mao était trop à droite. J'ai parlé pendant environ dix minutes avant qu'ils m'interrompent et qu'ils s'engueulent entre eux. C'était du joli. Je me suis fâché et leur ai dit «Pensez ce que vous voudrez mais Mao se fout de l'indépendance du Québec». Ils se sont chicanés entre eux pendant au moins deux heures. C'était un véritable spectacle.
Ensuite nous sommes allés à Lyon.

*C'est là que vous rencontrez Claude Julien?*

J'avais déjà rencontré Julien à Paris lors d'une petite réunion qu'un journaliste parisien avait organisée chez lui. Nous nous étions vertement disputés parce qu'il se déclarait en faveur du fédéralisme canadien et considérait les aspirations du Québec à l'indépendance comme des rêves infantiles dénués de tout intérêt. Il avait le mépris facile.

La soirée à Lyon était sur invitation seulement. Sur les cartons d'invitation mon nom était écrit en grosses lettres et celui de Claude Julien en petites lettres. Il était furieux et le débat fut très animé.

*Pendant que vous êtes en France en novembre 1967, René Lévesque fonde le MSA. Vous lui aviez pourtant offert de se joindre au RIN à plusieurs reprises.*

Pendant les années 1966 et 1967 je l'ai rencontré à quelques occasions et chaque fois il me disait «je quitte le parti libéral dans trois mois ou dans six mois». Finalement il ne le faisait jamais. Il me posait plusieurs questions mais je ne parvenais jamais à le convaincre; il hésitait. Ma grande erreur a été d'accorder une entrevue au *Petit Journal* en disant que Lévesque était un ballon gonflé par les journalistes et le plus grand ennemi des nationalistes à cause de son incertitude. La semaine suivante Lévesque a quitté le parti libéral mais l'entrevue a été publiée seulement trois semaines plus tard. J'avais l'air complètement ridicule. Je crois que Lévesque ne m'a jamais pardonné cette déclaration.

*Après la défaite du parti libéral en 1966, Bourgault savait que Lévesque devenait disponible.*

Jean Décary

*Et si Lévesque s'était joint au RIN...*

C'est bien évident que je lui aurais donné la chefferie au RIN. Je me serais peut-être présenté contre lui mais je n'en suis pas certain. Ce n'est pas mon genre d'aller me faire humilier en public. Lévesque était beaucoup plus populaire que moi et son expérience politique était plus grande que la mienne.

*Plusieurs membres du RIN ont adhéré au MSA dès sa fondation.*

Nous ne pouvions rien faire puisque le RIN était un parti politique et le MSA un mouvement. Nous ne pouvions pas empêcher nos membres de militer dans les deux formations et plusieurs avaient une double appartenance, RIN et MSA.

Immédiatement après la fondation du MSA j'ai offert à Lévesque de faire l'unité des forces indépendantistes. J'ai toujours cru que cette unité était nécessaire.

*Et c'est le début des négociations RIN-MSA puisqu'on ne peut pas dire qu'il y ait eu des négociations Bourgault-Lévesque.*

Lévesque n'a jamais voulu négocier avec moi. C'est André D'Allemagne et Pierre Renaud qui ont discuté avec Lévesque de la possibilité d'une fusion. En fait, il n'y a jamais eu de véritables négociations puisque Lévesque ne voulait pas de nous. Il ne voulait pas absorber le RIN comme tel parce qu'il n'aimait pas son image et surtout parce qu'il ne m'aimait pas. J'ai déclaré publiquement à plusieurs reprises que je lui laisserais la chefferie s'il acceptait une fusion avec le RIN mais cela n'a guère aidé.

Lévesque souhaitait que le RIN continue. Il ne voulait pas de marginaux dans son mouvement. J'ai toujours prétendu (d'ailleurs Lévesque l'a confirmé lui-même) qu'il souhaitait l'existence d'un parti de gauche pour faire les jobs sales. Avec un parti plus radical, plus à gauche que le sien, il aurait pu aller chercher plus facilement les votes du centre. Moi je n'étais pas intéressé à jouer ce rôle.

Quand Lévesque dit qu'il peut perdre 10 000 militants, qu'il les invite à partir s'ils ne sont pas contents, c'est qu'au fond il espère encore la formation d'un parti de gauche.

Les discussions ont duré plusieurs mois, elles se sont éternisées. Lévesque posait toutes sortes de conditions et quand le RIN acceptait, il trouvait d'autres points sur lesquels nous ne pouvions être d'accord.

En avril 1968 lors des assises du MSA, lorsqu'il annonça la création d'un parti politique dans les six mois, j'ai réalisé que si nous n'allions pas avec Lévesque, il allait falloir se radicaliser. Je pressentais que le RIN était voué à la dissolution.

Finalement les négociations ont buté sur deux points précis où nos conceptions étaient irréconciliables : le système scolaire et l'union monétaire.

*Aujourd'hui croyez-vous qu'il y aurait pu avoir entente sur ces deux points?*

Nous aurions pu nous entendre sur ces deux points mais Lévesque ne voulait rien savoir du RIN. Aucun compromis n'aurait pu vaincre sa détermination à ne pas absorber le RIN.

Lévesque a finalement profité de l'émeute de la Saint-Jean-Baptiste pour rompre les négociations. Quand je suis sorti du poste de police, j'ai entendu à la radio que Lévesque avait mis fin à mon espoir de faire l'unité des forces indépendantistes. L'émeute de la Saint-Jean lui a fourni un prétexte.

*L'exécutif du RIN ne souhaitait pas cette manifestation du 24 juin 1968. C'était plutôt une de vos décisions.*

Exactement. Le RIN ne voulait pas intervenir. J'ai pris la décision tout seul. Environ un mois avant la Saint-Jean j'avais déclaré lors d'une assemblée publique que nous serions là pour manifester. Les membres de l'exécutif du RIN ont été pris au dépourvu et ça a créé bien des remous. Ils n'étaient absolument pas d'accord et André D'Allemagne voulait même démissionner. Finalement ils ont accepté.

*Nous ne voulions pas manifester à la fête de la Saint-Jean. Lorsque Pierre a annoncé publiquement son intention de manifester nous l'avons sermonné. Mais il nous a désarmé quand il a dit «vous avez raison» au lieu d'essayer de se justifier. Pris au dépourvu, nous l'avons alors félicité de son courage et les membres de l'exécutif ont pris un vote unanime de solidarité.*

André D'Allemagne

*La société Saint-Jean-Baptiste vous avait pourtant invité à prendre place sur l'estrade d'honneur avec tous les dignitaires et aux côtés de Trudeau.*

J'ai refusé cette invitation et j'ai condamné la Société Saint-Jean-Baptiste d'avoir invité Trudeau. C'était une aberration d'inviter un homme qui ne reconnaît pas la nation québécoise à célébrer sa fête nationale. Je préférais aller manifester dans la rue avec les vrais Québécois. J'ai aussi invité tous les Québécois à manifester publiquement leur réprobation à la présence de Trudeau.

D'ailleurs c'est une des meilleures manifestations du RIN. Notre intervention a changé cette fête à jamais. La Saint-Jean qui était une fête folklorique est véritablement devenue notre fête nationale à partir du 24 juin 1968. Trudeau n'est jamais revenu célébrer la fête des Québécois. Sans compter que cette manifestation m'a permis d'expliquer beaucoup de choses pendant l'année qui a suivi. J'ai pu démontrer entre autres la contradiction de Trudeau ; on ne fera jamais l'indépendance tant que les Québécois n'auront pas compris toute la contra-diction du fédéralisme. Les manifestations sont comme les électrochocs. Ça excite le monde et après ils écoutent plus attentivement ce que l'on explique. Quand une manifestation dégénère le moindrement, c'est catastrophique pour l'image à court terme. Par contre, à long terme c'est rentable. Et à long terme, la manifestation de la Saint-Jean-Baptiste a été très profitable à la cause de l'indépendance.

*Elle vous a quand même valu d'être arrêté avec 290 autres personnes et d'être accusé d'avoir participé à une émeute.*

Je ne devais pas rester plus de dix minutes à cette manifesta-tion mais j'ai été arrêté dès les premières minutes quand des militants me portaient sur leurs épaules vers l'estrade d'hon-neur. Plusieurs jeunes ont été arrêtés en même temps que moi et ils étaient très fiers d'être dans le même panier à salade que leur chef. Dans ce temps-là les jeunes jouaient beaucoup aux héros et ils avaient l'habitude des manifestations. Ils n'avaient pas peur. Il y en avait même un à côté de moi qui était rendu à sa neuvième arrestation dans des manifestations et il n'avait que 16 ans.

Plusieurs ont souffert de cette manifestation à cause des

blessures et des accusations mais elle a fait du bien à tout le monde. Encore aujourd'hui je crois que ce fut un grand bien pour le Québec. Quant à moi, j'ai été acquitté un an plus tard faute de preuves.

Dans ce temps-là ça ne me dérangeait pas d'être arrêté. Ça faisait partie du métier au même titre que faire des discours. J'ai été arrêté trois ou quatre fois. J'ai fait de la cellule mais jamais de prison. Cependant j'aurais été prêt à faire de la prison; j'étais masochiste.

En général, les policiers étaient polis avec moi. Dans une manifestation je pouvais brasser pas mal car ils n'aimaient pas m'arrêter. C'est un des privilèges d'être une vedette. Autant que possible, les policiers évitent d'arrêter ceux qui ont du pouvoir sur les foules.

*Avez-vous été surpris des résultats du vote lors de l'élection du 25 juin 1968?*

Pas vraiment. Il faut se rappeler qu'en 1968 c'était la trudeaumanie d'un bout à l'autre du Canada. En tant que chef du RIN, j'avais invité les Québécois à ne pas voter aux élections fédérales. J'ai eu l'air complètement ridicule parce que tout le monde a voté quand même. D'ailleurs j'ai appris que ça ne sert à rien de prôner l'abstention parce que les gens veulent voter. Dans les périodes de crise il faut plutôt proposer l'annulation du vote. L'abstention est défendable comme principe mais pratiquement, c'est une erreur.

Personnellement j'ai toujours cru à l'abstention au fédéral et je n'ai jamais voté pour élire un candidat à Ottawa.

*Vous avez souvent pris de gros risques pour alerter l'opinion publique.*

C'est vrai. J'ai pris des gros risques mais j'ai toujours réussi à retomber assez vite sur mes pieds. Je ne suis pas un joueur de cartes mais j'ai toujours joué gros jeu. Dans ma vie publique, autant que dans ma vie privée, j'ai souvent joué quitte ou double.

Il y a aussi le fait que dans les débuts de tout mouvement il faut grossir, il faut jouer fort pour passer la rampe. C'est très dangereux mais je maîtrise bien cette technique.

Mes risques étaient presque toujours calculés. Je ne suis pas calculateur mais je savais ce que je faisais par instinct. En public je n'ai jamais perdu la tête même si j'en ai donné quelques fois l'impression. Il y a seulement en amour que je perds la tête.

*Il vous est quand même arrivé de faire des déclarations un peu grosses et même de dire des bêtises.*

En politique c'est un art de transformer une bêtise en vérité. Quand on dit une bêtise il y a deux façons de s'en sortir: s'excuser ou répéter sa bêtise pour finalement convaincre tout le monde. Quand j'étais pogné avec une bêtise, j'allais encore plus loin, jusqu'à ce qu'elle devienne vérité. D'ailleurs je fais encore ça dans ma vie privée. Je développe mon affirmation en prouvant noir sur blanc que non seulement ce n'est pas une bêtise mais une idée tout à fait logique et absolument merveilleuse.

*C'est ce que vous aviez fait en 1966 lorsque vous aviez attaqué les dirigeants syndicaux.*

Exactement. Je voulais les attaquer mais c'est mal sorti. En le disant j'ai senti que je faisais une erreur, que j'aurais dû présenter mon accusation autrement. C'était devant des étudiants à l'université de Sherbrooke et j'espérais que ça passe inaperçu. Hélas les journaux en ont fait un grand événement. J'accusais les dirigeants syndicaux de ne pas s'occuper assez des revendications des Québécois francophones et de faire assumer aux militants les dépenses exagérées des dirigeants. C'était vrai mais peu élégant. Et surtout, ce n'était peut-être pas le bon moment d'en parler.

Quand j'ai vu les proportions énormes que ça prenait, j'ai répété mes accusations en les amplifiant davantage. Les présidents des syndicats ont commencé à me répondre par la voix des journaux et j'en ai profité pour proposer à Marcel Pépin, président de la CSN, un débat qui d'ailleurs n'a jamais eu lieu.

Croyant me coincer, Pépin m'avait mis au défi de répéter mes accusations devant les syndiqués lors du congrès de la CSN qui avait lieu quelques jours plus tard. Les gens pensaient que je n'oserais jamais m'y présenter. J'y suis allé. Dans le journal il y avait une manchette disant «Bourgault hante le congrès de la CSN». J'ai discuté avec les travailleurs dans les couloirs mais on ne m'a pas invité à parler. Si on l'avait fait, j'aurais répété les mêmes accusations. Il ne faut jamais reculer. Il faut tout de même préciser que c'était une sortie maladroite mais non erronée. Mes accusations étaient fondées. Sur une scène je n'ai jamais affirmé une chose à laquelle je ne croyais pas. Je n'ai jamais dit une contre-vérité.

*En avril 1968 lorsque la décision fut prise de transformer le MSA en parti politique, vous dites savoir que le RIN était voué à la dissolution. Pourtant à ce moment-là vous avez déclaré à plusieurs reprises que le RIN vivrait.*

Je n'avais pas le choix. J'étais acculé au mur. Il fallait que le RIN continue. Il ne m'est jamais venu à l'idée de dissoudre le RIN; je voulais tout simplement faire l'unité des forces indépendantistes. Lévesque ne voulait pas de nous et nous avions l'air ridicule. Je ne pouvais tout de même pas dire d'accord on s'en va chez nous; ça aurait été trahir les militants. Il fallait que je me batte jusqu'à la fin.

*Bourgault a porté sa croix jusqu'au bout.*

Jean Décary

*Pendant les négociations avec le MSA, le RIN était déchiré par des querelles internes. Le conflit Ferretti-Bourgault ne fait-il pas partie de l'histoire du RIN?*

Au RIN il y avait une aile de gauche qui se disait marxiste. C'était de l'hystérie. Ce sont des gens qui avaient lu des livres sans les assimiler. D'ailleurs, c'était beaucoup plus une aile gauchiste qu'une aile de gauche.

Pendant une couple d'années il y a eu beaucoup de remous au RIN. Ça brassait beaucoup mais il n'y a jamais eu de haine. Les membres n'hésitaient pas à dire à leur président le fond de leur pensée mais ils n'hésitaient pas non plus à l'appuyer dans les moments importants.

Andrée Ferretti était à la tête de l'aile de gauche. C'est une femme intelligente, généreuse et très dynamique. Si elle avait mieux assimilé la matière qu'elle lisait, elle aurait pu être extraordinaire.

*Ça lui faisait mal de se faire traiter de gars de droite et de bourgeois alors qu'il était plutôt de centre gauche.*

Guy Fiset

*Ça vous dérangeait d'être à la droite du RIN?*

Ça me fatiguait beaucoup. En me battant contre l'équipe
Ferretti, je ramassais tous les gens de droite et je n'aimais pas
ça. En même temps, ça me faisait mal de me battre contre
certaines personnes que j'aimais beaucoup et que je trouvais
intelligentes. Et ce qui me fatiguait encore plus, c'était de voir
tout le temps que nous perdions inutilement dans des querelles de virgules.

J'avais formé une équipe dont le slogan était «pour une
gauche réaliste et québécoise» afin de faire opposition à la
gauche doctrinaire de Ferretti qui n'était pas réaliste. L'aile de
gauche voulait ressembler à la gauche d'Europe qui était déjà
dépassée en Europe depuis belle lurette. Mais ils étaient très
militants et lors du congrès d'octobre 1967, Andrée Ferretti a
été élue à la vice-présidence.

*Comment avez-vous accueilli Andrée Ferretti à la vice-*
*présidence?*

Je l'ai accueillie de la même façon que Lévesque m'a accueilli
par la suite à l'exécutif du PQ, c'est-à-dire très bien. Ça ne
m'a jamais effrayé de travailler avec des gens qui ne parta-
geaient pas entièrement mes idées. Pour travailler ensemble,
il n'est pas nécessaire que les individus pensent tous de la
même façon, au contraire. L'affrontement peut être stimulant
et créateur.

Après l'élection de Ferretti j'ai écrit «la grande famille est
morte, le parti est né» et je le pensais sincèrement. D'ailleurs
pendant un certain temps ça fonctionnait assez bien. Puis
Ferretti a commencé à ruer dans les brancards et à faire des
déclarations tout à fait irréalistes. Par exemple, à la veille
d'une manifestation elle avait pris l'habitude de déclarer
«nous serons 50 000 dans la rue» alors qu'on ne pouvait

vraisemblablement pas attendre plus de 1 000 personnes.

Le conflit a dégénéré et un congrès spécial avait été convoqué au printemps pour les 30 et 31 mars afin de vider la question. Le combat n'a pas eu lieu car dix jours avant le congrès, Andrée Ferretti a démissionné du RIN en dénonçant mon idéologie bourgeoise. Elle est partie avec son groupe qui ne comptait pas plus qu'une quarantaine de militants.

---

*Pierre a un très grand respect des individus même s'il ne partage pas leurs idées. Pendant la bataille féroce que nous avons livrée, nos partisans se déchiraient et nous allions quand même manger ensemble.*

Andrée Ferretti

---

*Comment supportiez-vous les querelles et les critiques parfois injustes?*

Je ne suis pas du genre à faire des ulcères quand ça brasse. Je suis bon dans les situations de crise et je suis d'une grande lucidité. Ma nervosité apparaît surtout dans les situations calmes. Quand il ne se passe rien, l'imagination se met à fonctionner et c'est dans ce temps-là que je deviens nerveux.

Quant aux critiques injustes même si on se carapaçonne contre ça, il arrive parfois qu'elles font mal. Mais quand on est dans l'action, ça fait partie de la fonction. A l'occasion ça peut être exaspérant ou décourageant mais il faut s'y faire. Ceux qui ne peuvent supporter la chaleur du four doivent sortir de la cuisine.

J'ai toujours bien dormi. Je n'ai jamais souffert d'insomnies, même dans les périodes les plus agitées. Quand il n'y a rien à faire avant le lendemain matin, je dors. J'ai appris ça très tôt et les problèmes ne m'ont jamais empêché de dormir.

*J'aurais du mal à définir Bourgault comme un homme de gauche, de droite ou même de centre. Comme tous les marginaux, il est certainement plus à gauche...*
                                        André D'Allemagne

Je suis un homme de gauche qui a toutes les difficultés à le demeurer. Chaque individu naît à droite pour des raisons historiques. Il a fallu apprendre à survivre, à se vêtir, à se loger. Encore aujourd'hui, l'être humain recherche le confort et la sécurité. Ce sont des notions qui, traduites en politique, sont des notions de droite alors que la justice sociale est une notion de gauche.

On oublie souvent que le confort que nous connaissons dans notre société est très récent. La plupart des mesures sociales (sécurité sociale, assurance-maladie, etc.) ont moins de 50 ans. Derrière ça, il y a des milliers d'années de paupérisme épouvantable. La mémoire collective du genre humain c'est un million d'années de misère et cinquante ans de confort relatif pour une petite partie de l'humanité. C'est difficile de changer le genre humain.

Ce n'est pas naturel d'être à gauche. Chaque jour il faut combattre la tendance à glisser dans la tradition et dans le confort. C'est difficile de résister. Je me bats constamment pour rester à gauche. Malgré tout, il y a des moments où je glisse. Ça demande beaucoup d'énergie pour être à gauche et y rester.

*Vous avez quand même des goûts bourgeois; vous aimez la bonne chère et les bons vins, vous appréciez les œuvres d'art et le luxe, vous êtes propriétaire et professeur à l'université...*

Et je me culpabilise facilement... Le petit confort que j'ai réussi à aller chercher va me forcer à faire des choses. Je reconnais que je suis privilégié. Je ne prétends pas être un grand révolutionnaire de gauche, mais chaque jour je fais mon possible. Quand je glisse vers la droite, je fais un effort conscient pour revenir vers la gauche.

Ce qui m'agace beaucoup c'est le discours de gauche avec la pratique de droite. Pour ma part, j'essaie d'avoir un discours et une pratique cohérente. Ce n'est pas facile, je tombe souvent. Je ne peux supporter les privilégiés de gauche qui refusent de reconnaître qu'ils sont privilégiés. J'aime encore mieux ceux qui sont véritablement à droite; au moins avec eux, c'est clair. La plupart des soi-disant gens de gauche méprisent le peuple.

*Vous n'êtes pas très réceptif à l'idéologie marxiste.*

Non seulement je ne suis pas réceptif, je suis tout à fait contre l'idéologie marxiste. Marx a fait une belle analyse qui ne tient pas compte de la nature humaine. Son idéologie est une construction de l'esprit; elle est contradictoire et méprisante. Parler de la dictature du prolétariat signifie aussi le maintien du prolétariat alors que la véritable révolution serait, selon moi, l'abolition complète du prolétariat.

Il y a très peu de Québécois qui connaissent véritablement l'idéologie marxiste et qui sont capables d'une analyse intelligente. La plupart des marxistes-léninistes ne sont qu'une cassette. Leur discours est abstrait et ne s'intègre pas dans le milieu.

*Jusqu'en 1964 vous parliez du socialisme. Par la suite vous avez dénoncé le socialisme comme un échec tout en vous réclamant de la social-démocratie.*

Le socialisme est un échec total. Aujourd'hui on ne peut plus parler du socialisme ou du capitalisme. Il faut plutôt parler des sociétés socialistes ou des sociétés capitalistes ou des diverses formes de socialisme et de capitalisme. C'est idiot de croire à la supériorité d'un système sur un autre. Bien sûr, une certaine cohérence est nécessaire mais il ne faut pas aller jusqu'à l'ériger en système. Telle circonstance exige telle position et il y a des moments où il faut agir selon les principes du socialisme et d'autres, selon les principes du capitalisme. La division entre ces deux systèmes est aberrante. Les deux ont des acquis et des manques considérables. S'attacher servilement à l'un ou à l'autre, c'est s'embarquer dans un bateau qui coule.

Je crois à la social-démocratie parce que c'est le seul système qui fonctionne à peu près, qui permet à la fois un maximum possible de liberté d'expression et de justice sociale. Présentement, les expériences les moins mal réussies dans le monde sont justement des expériences sociales-démocrates. Tout de même, la social-démocratie demeure un objectif à atteindre.

*La fondation du Parti Québécois en octobre 1968 a signé en quelque sorte l'arrêt de mort du RIN.*

D'une certaine façon oui. J'ai suivi le congrès de fondation du PQ à la radio. Dès que le MSA est devenu officiellement le PQ, j'ai téléphoné à Pierre Renaud et lui ai demandé «Pierre est-ce que tu penses la même chose que moi?» Il m'a répondu oui et nous n'avons rien dit d'autre. Nous nous sommes compris immédiatement. A partir de ce moment, j'ai su qu'il fallait saborder le RIN. De plus, il fallait faire vite car les élections approchaient et l'unité de tous les indépendántistes était devenue une nécessité vitale.

*Comment se fait-il que vous n'ayez jamais fait l'unité avec le RN puisque l'unité des forces indépendantistes est une idée qui vous est chère?*

Pratiquement j'ai toujours voulu le regroupement RIN-RN sauf qu'idéologiquement ça ne marchait pas. Plusieurs tentatives ont échoué. Grégoire et Lévesque ont cependant négocié l'intégration du RN au PQ au cours d'une fin de semaine pendant l'été.

L'idée de l'unité des indépendantistes ne m'a jamais quitté jusqu'il y a un an. J'ai toujours cru sincèrement que toutes les forces indépendantistes devaient s'unir pour faire l'indépendance du Québec. Et à plusieurs reprises, j'ai accusé René Lévesque de semer la zizanie parmi les différents groupes indépendantistes.

*Vous avez vous-même proposé le sabordage du RIN.*

Une réunion de l'exécutif du RIN a eu lieu dès le lendemain de la fondation du PQ. J'avais envie de proposer le sabordage mais je savais qu'en le faisant on m'accuserait de lâcheté. J'ai d'abord proposé un tour de table pour connaître l'opinion des autres. Ils ont tous tourné autour du sujet sans mentionner le sabordage. Quand mon tour est venu de parler, j'ai proposé directement le sabordage. Il fallait envisager la situation avec lucidité et ma proposition est devenue celle de l'exécutif. Chacun voyait le sabordage comme la seule issue.

*Un fort pourcentage des militants ne voulaient quand même pas entendre parler de sabordage.*

Au début 80 % des membres étaient contre l'idée. J'ai travaillé très fort pour les convaincre que le sabordage était la solution. Il fallait faire vite puisque le huitième congrès national du RIN était prévu pour les 26 et 27 octobre, à Longueuil. Finalement les membres ont voté en faveur du sabordage. La dissolution du parti a été adoptée à la fin du congrès par 227 voix contre 50. Mais le RIN s'est dissout dans les pleurs et les grincements de dents. Ça nous a fait mal, très mal.

Puisque Lévesque ne voulait pas du RIN, j'ai suggéré aux militants d'entrer un par un au PQ. Ainsi Lévesque ne pouvait pas nous refuser. Nous savions que nous n'étions pas les bienvenus mais nous avons décidé d'y gagner notre place.

J'avais averti les membres que ça prendrait du temps, au moins une couple d'années, avant que nous soyions acceptés au PQ. Je leur ai demandé ce sacrifice en croyant sincèrement qu'il nous permettrait d'accéder à l'indépendance. Ce n'est pas Lévesque qui a fait l'unité des forces indépendantistes. C'est nous qui la lui avons imposée. C'est nous qui avons fait l'unité des forces.

*Plusieurs militants souhaitaient que le RIN demeure un mouvement de pression. Vous étiez tout à fait contre cette idée.*

Je croyais qu'il valait mieux couper tous les ponts afin que nous n'ayons pas la tentation de revenir dans notre mouvement à la première difficulté. Le RIN, même en tant que mouvement aurait contribué à diviser les indépendantistes. Nous aurions eu beaucoup de mal à lutter contre la popularité du PQ. Et surtout, je n'étais pas intéressé à être à la gauche de Lévesque, même dans un mouvement, pour lui servir de faire-valoir.

*Ceux qui étaient contre le sabordage vous ont traité de lâche.*

Plusieurs m'ont traité de lâche parce qu'ils croyaient que je démissionnais devant Lévesque. En fait, je pliais devant l'inévitable. Une fois que les choses sont inévitables, je me rends. Je n'aime pas les batailles inutiles. Nous aurions eu beaucoup de mal à lutter contre la popularité du PQ.

En fait, nous n'avions pas tellement le choix. En 1968 le sabordage a été perçu comme un acte de courage et d'abnégation. C'est vrai. Ce fut très difficile pour nous. Cependant, il faut aussi tenir compte du fait que plusieurs de nos membres abandonnaient le RIN pour se joindre au PQ. Pour continuer, le RIN aurait dû se radicaliser car les gens n'auraient pas compris que l'on vive à côté du PQ en lui ressemblant. D'ailleurs il n'y a pas d'autres partis qui ont été formés pour l'indépendance après le PQ. Le parti de René Lévesque a pris toute la place.

*Vous avez souvent comparé le sabordage du RIN à celui de l'Action libérale en faveur de l'Union nationale de Duplessis.*

Oui et non. On s'est fait avaler comme l'Action libérale mais nous avions couru après.

*Regrettez-vous d'avoir saborder le RIN en faveur du PQ?*

Oui. Je crois que ça reste la plus grande erreur de ma vie. Ça ne fait pas longtemps que j'en suis venu à cette conclusion. A certains moments j'ai cru que nous avions pris la bonne décision. Par contre, quand ça allait mal je ne pouvais m'empêcher de considérer le sabordage comme un désastre. J'ai fait plusieurs déclarations contradictoires à ce sujet depuis 1968. Encore aujourd'hui, cela reste très obscur. Certains jours je ne sais toujours pas si nous avons bien fait ou non.

Théoriquement, je dis aujourd'hui que c'est une erreur, que nous aurions dû continuer. Pratiquement, est-ce que nous aurions pu continuer? Je n'en suis pas certain. Ça aurait été sûrement très difficile pendant les premières années. Est-ce que nous aurions réussi à traverser ces années difficiles?

---

*Lévesque a récolté ce que Bourgault a semé.*

Marc Lavallée

*Sans Bourgault, le PQ n'aurait pas eu l'influence immédiate qu'il a eue. Pierre Bourgault est le père intellectuel de René Lévesque.*

Tom Sloan

*Bourgault a laissé la ferveur et le militantisme qui ont valu des heures de bénévolat efficace au PQ. Sans Bourgault, le PQ n'aurait pu naître ou, à tout le moins, il n'aurait pas été ce qu'il a été.*

Robert Bourassa

---

*Croyez-vous, comme plusieurs, que le PQ a récolté ce que le RIN a semé?*

C'est très évident. Il y a seulement Lévesque qui le nie. Lévesque écrit l'histoire à la russe; il fait commencer l'histoire quand il arrive.

C'est très évident que si le RIN n'avait pas ouvert les portes, Lévesque n'aurait peut-être même pas pensé que l'indépendance pouvait se faire.

Plus encore, le RIN n'aurait peut-être même pas existé sans Raymond Barbeau qui a fondé l'Alliance laurentienne en 1957 et sans Raoul Roy, fondateur de l'Action nationaliste pour l'indépendance du Québec en 1959. J'ai toujours reconnu ces gens-là.

# 4

## DE LA LIBERTÉ

*Immédiatement après le sabordage du RIN vous devenez membre du PQ en espérant continuer à faire de la politique. Mais le chef vous fait la tête...*

Lévesque pensait que je voulais sa place, ce qui était faux. Lévesque a toujours pensé que je voulais sa place et cela a toujours été faux. Je souhaitais simplement continuer à militer pour l'indépendance.

Lévesque n'avait pas apprécié le sabordage du RIN et il s'est appliqué à nous faire sentir que nous n'étions pas les bienvenus au PQ. Deux semaines après l'union des forces indépendantistes, lors d'une partie d'huîtres à laquelle il m'avait personnellement invité, Lévesque a refusé catégoriquement de se laisser photographier avec moi. Il évitait aussi de prendre la parole dans les mêmes assemblées que moi. Pendant les deux premières années j'ai beaucoup souffert de l'attitude de Lévesque et du mépris qu'il affichait envers moi.

*La période la plus difficile de sa vie c'est quand il a voulu s'intégrer au PQ et que Lévesque l'a rejeté. Pierre était de bonne foi; il voulait servir la cause de l'indépendance. L'attitude de Lévesque lui a fait très mal.*

Guy Fiset

*Si le Parti Québécois avait su utiliser Bourgault, il aurait pu devenir l'orateur du parti et rendre d'immenses services à la cause de l'indépendance.*

Andrée Ferretti

Je demandais à Lévesque de me permettre de faire des assemblées. Il aurait pu se servir de moi, m'envoyer sur la route. Je suis un bon haut-parleur pour l'indépendance. Ma force est de parler et de convaincre. J'aime ça et je suis bon. Il n'y avait personne à l'exécutif du PQ qui était capable de faire ça mieux que moi.

J'aurais pu entretenir le militantisme des membres. Il est nécessaire de les motiver régulièrement si on veut qu'ils poursuivent leur action. Je croyais sincèrement que je pouvais encore être utile à la cause.

Cependant Lévesque ne voulait rien savoir de moi et le PQ a toujours refusé de m'utiliser. On m'écartait systématiquement de la plupart des assemblées. On avait peur de l'éloquence, on me trouvait dangereux.

J'étais très malheureux.

*Après le sabordage du RIN, ce fut la grande misère pour Bourgault. Il était vraiment désespéré, noir et tragique. Il était aigri par sa période de missionnariat et criblé de dettes. Pire encore, il se sentait inutile politiquement.*

Jean Décary

Ce fut une période de grand découragement. Pendant le RIN je travaillais au moins 15 heures par jour et sept jours par semaine. Tout à coup, je me retrouvais sans rien, un peu comme les gens qui sont mis à la retraite du jour au lendemain après avoir consacré leur vie au travail. J'étais complètement désemparé. Je n'avais plus aucune responsabilité et je me sentais inutile. J'avais toujours parlé au nom du RIN et il fallait que je me réajuste pour ne parler qu'en mon nom.

J'étais aussi très inquiet. Nous avions été tellement mal reçus au PQ que je me demandais si nous avions bien fait de saborder notre parti. Je me suis vite rendu compte que le PQ était dirigé par des libéraux. D'ailleurs Lévesque est toujours demeuré libéral; il n'a jamais rompu avec la Révolution tranquille. De 1960 jusqu'à maintenant, c'est une continuité pour lui.

Pour ajouter à ma déception, j'étais dans la rue. J'avais beaucoup de dettes et je n'arrivais pas à trouver un emploi. Je n'arrivais plus à me situer nulle part. J'étais complètement vidé, je n'avais plus rien à dire et je n'étais pas bien dans ma peau. Heureusement quelques amis personnels m'ont soutenu.

*Dans ses périodes noires, Bourgault se referme complètement.*
*Il ne parle pas et ne veut pas communiquer. Il a l'air misérable*
*et suinte le fiel. C'est très éprouvant d'être autour de lui dans*
*ces moments.*

Jean Décary

*N'est-ce pas à ce moment que vous ouvrez une école d'art oratoire?*

J'essayais désespérément de trouver une façon de gagner ma vie. Puisque parler était ce que je faisais le mieux, j'ai décidé d'en tirer parti. J'ai trouvé un local et quelques clients. J'étais très sérieux et je préparais mes cours avec beaucoup de soin. J'y ai mis tout mon cœur.

Malheureusement mes cours n'étaient pas très efficaces. L'approche était mauvaise parce que l'art oratoire n'existe pas en soi. Mes cours s'adressaient à des adultes qui voulaient devenir des orateurs et les résultats étaient plutôt médiocres. J'ai fermé mon école au bout de six mois parce que je ne voulais pas faire dépenser de l'argent aux gens inutilement.

*Même si Lévesque vous faisait la tête, vous vous êtes présenté à l'exécutif du PQ lors du congrès d'octobre 1969.*

Et je me suis fait battre. Lévesque a fait campagne contre moi et il a été dégoûtant. C'est effrayant ce qu'il a dit de moi, au grand scandale de Parizeau qui lui, a toujours été respectueux pour les membres du RIN.

Lévesque ne voulait pas que je me présente sous prétexte que je n'étais pas rentable électoralement. Mon image ne correspondait pas à celle qu'il voulait donner à son parti. Et avec Lévesque, «hors de l'église, point de salut». Il a demandé au congrès d'élire un exécutif fort et cimenté en faisant allusion à ma candidature.

La veille de l'élection, un sondage m'accordait la victoire. Cependant, au cours de la nuit le groupe de Lévesque a fait une cabale digne des vieux partis pour m'empêcher de passer et je me suis fait battre.

Il faut dire aussi que j'avais fait une grande erreur, celle de ne pas être moi-même. Mon discours était tout doux, je promettais d'être fidèle au parti et je m'engageais à être solidaire de l'exécutif. Personne ne m'a cru.

Dans un bilan du congrès le lendemain, Renaude Lapointe a écrit «ils ont sacrifié un coq dont le cocorico aurait pu faire peur aux oiseaux».

---

*Lévesque n'avait pas besoin d'un autre chef. Aquin s'était retiré et il voulait que Bourgault en fasse autant. Il ne voulait pas le voir à l'exécutif.*

Guy Fiset

---

*Malgré votre défaite à l'exécutif vous songiez à vous présenter comme candidat du PQ lors des élections provinciales de 1970.*

Je voulais continuer à faire de la politique. Ma première idée était de me présenter dans Duplessis. Je connaissais bien le comté et j'avais la conviction de pouvoir gagner. Mais Lévesque ne voyait pas les choses du même œil. Etant assuré que je n'étais pas rentable électoralement, il ne voulait pas me voir dans Duplessis qui, somme toute, était un bon comté puisque j'avais failli gagner en 1966.

Des militants de Saint-Henri m'avaient approché pour que je me présente dans leur comté. J'y réfléchissais encore quand d'autres militants ont pensé que Taillon serait un comté idéal pour moi. Ils sont venus me voir avec une pétition de 170 noms réclamant ma candidature. Il y avait cependant un obstacle: Jacques-Yvon Lefebvre travaillait dans ce comté depuis fort longtemps. Pour me persuader d'aller dans Taillon, Lefebvre a accepté, devant témoins, de me céder sa place. Et je me suis stupidement laissé convaincre que j'avais des chances dans Taillon.

J'ai commencé à faire des assemblées de cuisine et je travaillais très sérieusement. Je me sentais bien avec les gens de Taillon et j'étais déterminé à faire tout ce qu'il fallait pour me faire élire. Dans le but de faire bonne impression, je me suis fait couper les cheveux et j'ai acheté un vrai costume; je voulais mettre toutes les chances de mon côté.

Toutefois les choses n'ont pas pris de temps à se gâter. Lefebvre est revenu sur sa décision et il s'est présenté contre moi, sous prétexte que ce comté lui revenait à cause de tout le travail qu'il y avait investi.

*Le soir de la convention vous avez préféré vous retirer.*

Je n'ai pas retiré ma candidature, je suis tout simplement parti. Quand je suis entré dans la salle le soir de la convention, Jacques Ferron qui connaissait tout le monde du comté, m'a prévenu que c'était paqueté aux as. La veille, Lefebvre avait déposé 350 cartes de nouveaux membres au secrétariat du PQ. Ferron m'a suggéré de partir puisque de toutes façons c'était perdu d'avance. J'ai suivi son conseil et je suis parti avec mon groupe; nous n'étions pas très nombreux. Les élections ont quand même eu lieu et j'ai obtenu six votes contre 189 pour Lefebvre. Je regrettais amèrement Saint-Henri.

Des organisateurs ont raconté à Lévesque ce qui s'était passé mais il a préféré fermer les yeux puisque, de toutes façons, il préférait avoir Lefebvre comme candidat.

*Vous avez ensuite rencontré Lévesque pour tirer les choses au clair...*

J'en avais assez d'entendre dire que Lévesque ne voulait pas paraître sur une même scène que moi et qu'il craignait que je nuise à l'image du parti. Sur un coup de tête, j'ai exigé une confrontation avec lui. Après m'avoir fait poiroter à la porte de son bureau, Lévesque m'a finalement reçu. La rencontre ne dura guère plus de trente minutes mais, je l'ai déjà dit et je le répète, ce fut la demi-heure la plus douloureuse de toute ma vie. Non seulement il me confirma tous les racontars, mais il me dit encore que j'étais dangereux parce que je provoquais le fanatisme. Même par mes pires adversaires, je n'avais jamais été aussi humilié, aussi méprisé. J'étais tellement surpris que je n'ai presque pas parlé; j'en avais perdu tous mes moyens.

Evidemment, il n'était pas question qu'il me permette de me présenter dans un bon comté. Il m'a plutôt dit que si l'indépendance me tenait vraiment à cœur, je devrais faire comme François Aquin et m'en aller chez moi.

*C'est ce qui vous a poussé à accepter le défi de vous présenter contre Bourassa.*

Je suis allé dans Mercier parce que Lévesque ne pouvait pas m'empêcher de me présenter contre Bourassa; c'était un comté perdu d'avance. Deuxièmement, j'étais certain d'obtenir un résultat assez valable pour que Lévesque soit obligé de reconnaître que j'étais rentable électoralement.

J'ai fait une très bonne campagne et j'ai travaillé d'arrachepied. Aussi, j'étais entouré d'une équipe fantastique qui n'a pas compté ses heures. J'ai travaillé si fort qu'à la fin de la campagne, René Lévesque a accepté de venir parler dans mon comté.

*J'étais content que Bourgault se présente contre moi, ça mettait de la couleur. Il a fait une très bonne campagne. Il parlait avec l'autorité du chef du RIN mais avait peu de crédibilité puisqu'il était désavoué par Lévesque.*

Robert Bourassa

*Vous aviez fait du porte-à-porte intensivement.*

J'ai toujours détesté le porte-à-porte parce que c'est très superficiel et très insatisfaisant. Par contre je sais que c'est important d'en faire et c'est efficace parce que les gens veulent voir leur candidat. Mon organisateur, Richard Filiatrault m'avait préparé des horaires et j'y suis allé.

Une des raisons pourquoi je déteste le porte-à-porte c'est que je suis timide et ça me gêne jusqu'à me rendre fou de déranger les gens. Je trouve ça impoli et ça me met mal à l'aise. Sans compter que pour être efficace il ne faut pas s'attarder. Juste le temps de dire bonsoir et on est en route pour une autre porte. Je trouvais ça pénible et je n'étais pas très drôle.

*Ce fut pourtant efficace.*

J'ai failli battre Bourassa. Quelques jours avant l'élection un sondage indépendant me donnait 1.5 % d'avance sur Bourassa et un sondage CROP nous mettait nez à nez. Je crois que cela m'a beaucoup nui et finalement Bourassa a remporté la victoire avec 3 000 voix de majorité.

*La défaite générale du Parti Québécois vous a beaucoup affecté.*

La défaite de 1970 m'a fait plus mal que celle de 1966. Et je n'ai jamais pardonné au PQ d'avoir perdu Sept-Iles.

J'en avais assez des victoires morales et j'étais révolté de voir qu'avec 630 000 votes nous n'avions fait élire que sept députés.

*Après les élections de 1970 vous vous retrouviez encore une fois en disponibilité : pas de travail et pas de tâches politiques.*

C'est alors que survient l'offre de *Point de Mire* où j'ai été rédacteur en chef de juin 1970 à mai 1971. Je cherchais vainement du travail depuis deux ans et Jean Côté a osé m'engager. Ce travail m'a littéralement sauvé la vie. Ce fut une expérience courte mais intense.

*Point de Mire* était une aventure impossible, la revue que personne n'était capable de faire, un genre d'*Express* engagé. C'était le premier et le seul véhicule à promouvoir la souveraineté, un magazine à gauche de caractère international. Si nous avions eu les moyens, *Point de Mire* aurait pu être une revue extraordinaire.

Nous avons quand même fait quelque chose de bien, compte tenu des moyens que nous avions. J'avais engagé une équipe plus à gauche que moi car c'est intéressant de travailler avec des gens qui ne partagent pas nécessairement mes idées. Ce fut une très belle expérience et ça m'a permis de me rendre compte que je n'étais pas bon pour diriger une revue; je ne suis pas assez organisé, pas assez discipliné. Je suis capable de le faire mais je ne suis pas bon.

*Vous étiez à* Point de Mire *à l'automne 1970. De quelle façon avez-vous vécu les événements d'octobre?*

J'ai vécu ça de façon rationnelle. La plupart des militants du RIN n'ont pas été affolés. Ce sont eux qui ont été les premiers à offrir leurs services et à prendre les choses en main au PQ. Parizeau a déjà reconnu que sans les anciens du RIN le PQ aurait été mal en point pendant la crise d'octobre. Nous n'étions pas énervés du tout.

J'ai été intercepté une seule fois et on ne m'a pas vraiment ennuyé. J'ai réalisé comme c'était heureux que la police m'ait suivi et épié depuis dix ans. Pendant le RIN j'étais très suivi et mon téléphone était surveillé. Comme je n'ai jamais rien fait d'illégal, ça ne m'a jamais dérangé; je croyais même que c'était ma meilleure protection. Les policiers savaient bien que je n'avais rien à voir dans les événements d'octobre.

*Ne vous êtes-vous pas senti responsable de cette violence et n'avez-vous pas regretté à ce moment d'avoir sabordé le RIN?*

Oui je me suis senti responsable de cette violence. Responsable et non coupable. J'ai toujours cru aux solidarités collectives et je me suis toujours senti mal à l'aise de rejeter le blâme sur les autres.

Aujourd'hui je pense que, même si le RIN avait survécu en se radicalisant, ça n'aurait rien changé. Il y aurait eu des militants encore plus à gauche et nous n'aurions pu les empêcher de poser des bombes ou de commettre des actes de violence.

Tout de même, je maintiens que si nous avions convaincu plus de gens, si nous avions avancé plus vite, certains auraient été moins tentés de faire des actions d'éclat. Si le RIN avait réussi à faire l'indépendance, les événements d'octobre n'auraient sans doute pas eu lieu.

*Dans un éditorial de* Point de Mire *vous avez tenu responsable de la mort de Pierre Laporte également les membres du FLQ et les trois gouvernements de Montréal, Québec et Ottawa. N'était-ce pas disculper en partie les membres du FLQ?*

Loin de moi l'idée d'avoir voulu disculper les membres du FLQ. Je ne leur aurais pas fait l'affront de croire qu'ils étaient irresponsables de leur geste. D'ailleurs j'ai toujours été outragé que l'on pense que les actes du FLQ étaient l'œuvre de terroristes étrangers. Il faut être colonisé pour ne pas avoir de solidarité avec son peuple.

La vie de Pierre Laporte a servi de pouvoir de négociation aux deux parties: FLQ et gouvernements. Ils l'ont utilisé abondamment tous les deux. Même si je refusais les moyens d'action du FLQ il aurait été naïf de ne pas tenter d'en découvrir les motifs. La violence ne s'excuse pas mais elle s'explique et c'est ce que j'ai tenté de faire à *Point de Mire* pendant la crise d'octobre.

*Vous avez démissionné de* Point de Mire *le 28 mai 1971. Etait-ce pour des raisons politiques?*

J'ai démissionné parce que *Point de Mire* s'en allait vers la faillite. Les budgets avaient été réduits de 40% et il était impossible de continuer à faire un magazine sérieux avec de telles compressions budgétaires. J'ai pensé qu'il valait mieux partir.

Il y avait une autre raison; je n'étais plus tellement d'acord avec les politiques de l'administration. Des différences idéologiques m'avaient toujours séparé du directeur Jean Côté et j'avais menacé de démissionner à quelques reprises.

Côté m'avait offert de continuer à écrire un article par

semaine en conservant mon salaire de rédacteur en chef qui était de $175 par semaine. J'ai refusé parce que je ne voulais pas servir de caution à une aventure à laquelle je ne croyais plus.

*Vous terminez votre dernier éditorial en disant «M. Bourassa vous n'avez pas une job pour moi?» Ça ressemblait plus à une boutade qu'à un appel au secours, pourtant...*

Au moment où je l'ai écrit je crois bien que c'était une boutade. Mais après *Point de Mire* je n'arrivais plus à trouver d'emploi et j'étais encore une fois dans la rue.

J'étais tout à fait désespéré. Pour faire des blagues je disais à mes amis que j'appelerais Bourassa. Un matin je n'en pouvais plus; j'étais à bout de force et d'espoir. J'ai téléphoné à Bourassa qui était alors premier ministre pour lui demander de me trouver un travail. Je n'avais plus le choix. Et le lendemain Jean-Paul l'Allier m'a offert un contrat de traduction.

Il faut souligner que Bourassa est un gars généreux et ce qu'il a fait pour moi, il l'a aussi fait pour d'autres. Même premier ministre, il s'est toujours préoccupé des problèmes des individus.

---

*Bourgault a été boudé par le PQ qui l'écartait par opportunisme politique. Je trouvais injuste et invraisemblable qu'il soit sans travail, sans compter qu'il est très bon traducteur. C'est pourquoi je lui ai donné du travail.*

Robert Bourassa

---

*Avant de téléphoner au premier ministre vous aviez frappé à bien des portes.*

Et comment! Je cherchais continuellement du travail. Je faisais en moyenne quarante demandes d'emploi par année. J'aurais été prêt à faire n'importe quoi. J'ai même essayé de travailler dans une boulangerie. On m'a refusé à certains endroits parce que j'étais trop instruit et à d'autres parce qu'on me craignait. On imagine souvent que les hommes publics sont riches et personne ne voulait croire que j'avais besoin d'un petit travail pour manger. Quand je sollicitais un emploi modeste on me prêtait des idées révolutionnaires. Aussi j'étais très connu et c'est toujours dérangeant de voir une figure publique remplir des tâches ingrates.

*Ses années de misère témoignent d'un grand courage. Peu de Québécois ont connu la misère à cause de leurs convictions politiques. Il crevait de faim mais n'en parlait pas.*

André Guérin

*Dans ses moments difficiles, il est discret. Pierre est un homme digne.*

Louise Latraverse

Je ne me suis jamais considéré comme un vrai pauvre, même dans ma période de misère la plus noire. Il faut faire la différence entre ne pas avoir d'argent et être pauvre. Moi je n'avais pas d'argent tandis qu'être pauvre, c'est ne pas pouvoir sortir de la condition de pauvreté. J'ai toujours su que je m'en sortirais et un vrai pauvre sait qu'il ne peut pas s'en sortir. J'avais choisi cette vie-là et je ne me suis jamais plaint, je l'ai assumée jusqu'au bout. Ce n'est pas dans ma nature de me plaindre. Quand on est pensionnaire on n'a personne à qui se plaindre alors on garde ça pour soi. Quand on est le chef on ne se plaint pas non plus.

J'avais aussi la chance d'avoir des amis qui m'ont aidé.

J'attendais à la dernière minute pour faire appel à eux. A un moment, des amis avaient fait des séries de chèques post-datés pour moi; mais quand ça allait mieux, dès que j'avais une petite pige, je déchirais les chèques.

J'ai reçu de l'aide du Bien-être social pendant deux mois. J'avais hésité pendant très longtemps mais finalement j'avais dû m'y résigner. Je n'avais plus de quoi acheter du beurre d'arachides ni même un billet de métro. Ce fut une période très difficile. Dès que j'ai eu un petit contrat j'ai refusé l'aide du BES.

On ne s'habitue pas à la misère mais on s'y fait. Je ne me souviens plus très bien de ce que c'était et je ne peux pas dire que ça m'a laissé beaucoup d'amertume. La mémoire oublie ce que le cœur ne peut supporter.

---

*Dans sa période de misère, il se renfermait chez lui et se rebiffait quand on voulait l'aider.*

René-Homier Roy

*Pierre est très fier et il n'a jamais voulu être aidé, même quand il n'avait rien à manger. Alors ses amis s'invitaient chez lui en apportant trois fois plus de nourriture qu'il n'en fallait pour le repas. C'était la seule façon dont nous pouvions l'aider sans qu'il se rebiffe.*

André Guérin

---

Malgré la misère je me suis toujours considéré chanceux et privilégié. J'ai vécu des misères de toutes sortes mais je m'en suis toujours sorti et j'en ai toujours retiré quelque chose.

Le fait d'avoir connu la misère m'a fait comprendre ce que c'était. J'ai beaucoup de compassion pour la pauvreté et la misère des autres. La pauvreté est un problème qui peut être réglé collectivement et je crois que ça devrait être la principale priorité en politique. Si j'étais au pouvoir c'est ce dont je m'occuperais. Une société doit rechercher l'équilibre entre la justice et la charité. La plupart des gouvernements n'ont pas de politique vis-à-vis la pauvreté. Pourtant je sais que c'est la pire chose.

A vivre dans la pauvreté on perd tous ses moyens et à plus forte raison, quand on vit dans une société riche et dans un climat froid. Ce qui ajoute encore à la pauvreté, c'est que ça coûte très cher d'être pauvre. L'habillement coûte plus cher parce qu'il faut acheter des vêtements de piètre qualité; le chauffage coûte plus cher parce que les fenêtres ne sont pas calfeutrées; les coûts de santé sont énormes à cause d'une mauvaise nutrition, etc. Le coût de la pauvreté est infini, financièrement et psychologiquement. Quand on n'a plus d'argent pour manger ou pour s'acheter un billet de métro on devient enragé et désagréable envers tout le monde.

Quelques fois j'ai désespéré.

---

*Pierre vit parfois l'utopie. Il va au bout de ses rêves les plus fous. C'est ce qui lui a permis de tenir le coup pendant ses années de misère.*

Guy Boucher

---

C'est vrai que je rêve. J'ai visité des centaines de maisons, et de belles maisons, alors que je n'avais pas un sou. J'espérais je ne sais trop quel coup de chance.

Je rêvais aussi de voile. J'aime les voiliers et si je pratiquais un sport ce serait la voile. Alors j'allais faire des tours de voilier même si j'étais dans la misère. Comme on s'imagine toujours que les hommes publics ont beaucoup d'argent, on me laissait essayer tous les voiliers dont j'avais envie en croyant que je voulais sérieusement en acheter un.

Le rêve permet d'affronter la réalité.

---

*Quand il part sur une idée, il fait des folies. Sa passion pour les orchidées lui a coûté une fortune.*

Guy Boucher

*Même s'il n'avait pas assez d'argent pour se nourrir convenablement, il achetait des poissons pour son aquarium.*

Jean Décary

---

J'ai eu toutes sortes de passions. C'est très infantile comme comportement. C'est sans doute parce que je suis curieux. Quand je m'intéresse à quelque chose, je veux tout savoir. Je lis tous les livres sur le sujet et j'apprends tout. Je veux surtout savoir comment les choses s'inscrivent dans l'univers et je réfléchis beaucoup sur ça. Je vais jusqu'au bout de mes passions. Puis quand je m'en désintéresse, il m'en reste toujours quelque chose. C'est ça la culture.

J'ai eu toutes sortes de passions comme les orchidées, les poissons, les oiseaux, les jardins, les vins, etc. C'est innombrable. J'ai même acheté un kangourou pendant ma période de grande misère.

Avec les oiseaux je suis toujours dans un dilemme. Je les aime beaucoup et ne peux supporter de les voir en cage. Si je les laisse en liberté, comme je l'ai déjà fait, c'est épouvantable car ils salissent tout. Les oiseaux m'ont appris que la liberté tue.

*De 1971 à 1973, vous faisiez partie de l'exécutif du PQ.*

Oui. Après l'échec de 1969, je me suis représenté à l'exécutif au congrès de février 1971. J'ai bien failli retirer ma candidature la veille des élections parce que Lévesque avait recommencé une cabale dans le même style que celle de l'année précédente. Lévesque s'est opposé à mon élection jusqu'au dimanche soir inclusivement, à cause de ma position sur la langue et de mon prétendu flirt avec la violence. Bref, je représentais à ses yeux tout ce qu'il ne voulait pas pour son parti.

La veille du scrutin, j'ai confié à Jacques Parizeau que je songeais à me retirer. Il m'a déconseillé de le faire et m'a encouragé à aller jusqu'au bout. Comme il n'y avait pas d'élections en vue au cours de la prochaine année, plusieurs croyaient que c'était le bon moment de me donner une chance et d'essayer de m'intégrer. Aussi, certains membres de l'exécutif préféraient m'avoir avec eux à l'intérieur de l'exécutif plutôt qu'en dehors.

---

*Il a fait un discours de cinq minutes qui touchait la perfection.*
*C'est un de ses plus beaux discours.*

Guy Fiset

---

Mon discours n'était pas long mais je reconnais qu'il était éloquent et très bien structuré. J'avais repris tout le discours des Castro, Mao et Hô Chi Minh puisque je représentais en quelque sorte l'aile radicale du PQ.

Mon discours indiquait clairement que je me présentais contre Lévesque mais non à sa place. Les membres d'un parti ont toujours quelque chose à reprocher à leur chef et ça leur fait plaisir de voir quelqu'un s'opposer à lui à condition, toutefois, qu'ils n'aient pas à choisir entre leur chef bien-aimé et son opposant. Andrée Ferretti m'avait appris ça. C'est exactement ce qu'elle avait fait lorsqu'elle s'était présentée à l'exécutif du RIN et elle avait gagné.

Finalement j'ai été élu et acclamé même si les radicaux et les socialistes ont subi la défaite sur plusieurs points lors de ce troisième congrès du PQ.

---

*Bourgault se révèle dans les discours de grandes circonstances.*
Marcel Chaput

---

*Votre élection à l'exécutif était en quelque sorte une petite défaite pour René Lévesque.*

Oui mais je dois dire qu'il a été très correct avec moi. Dès que j'ai été élu, il m'a accepté. C'est vrai qu'il n'avait pas tellement le choix puisque nous devions travailler ensemble! Tout de même, je crois qu'il m'a sincèrement accepté; même s'il n'était pas d'accord avec moi, il me respectait. D'ailleurs Lévesque a été très correct avec moi pendant tout le temps que j'ai fait parti de l'exécutif. Il espérait que je respecte la ligne du parti et je ne crois pas l'avoir déçu.

---

*Fidélité et loyauté sont parmi les grandes qualités de Pierre. Il a prouvé sa loyauté à plusieurs reprises et particulièrement quand il faisait parti de l'exécutif du PQ. Quand Bourgault s'engage à défendre une position, il la défend jusqu'au bout.*
Andrée Ferretti

---

*Plusieurs avaient prédit que vous feriez la pluie et le beau temps à l'exécutif en dépit du fait que vous les aviez assuré de votre solidarité. Vous avez tenu parole.*

La bonne entente dépendait beaucoup plus de moi que de Lévesque parce qu'il était le chef et en cas de désaccord avec moi, il ne pouvait quand même pas démissionner. J'ai pris ma place et j'ai joué mon rôle du mieux que j'ai pu.

Il faut dire aussi que j'étais très fier que nous ayions réussi à faire un seul parti de l'indépendance. Ça faisait dix ans que je luttais pour ça et j'en avais bavé. Pendant les premières années du PQ, j'avais mangé ma galette plus souvent qu'à mon tour, mais j'étais quand même resté parce que je croyais que l'unité des forces était le seul moyen de parvenir à l'indépendance. Je m'étais fermé la gueule systématiquement pour ne pas compromettre l'unité du parti. Alors, à l'exécutif j'étais prêt à faire des compromis personnels (pas des compromis de principes) pour préserver encore l'unité.

*Vous étiez tout de même d'accord avec les principes contenus dans le programme du PQ.*

Absolument. Pendant tout le temps que j'ai été à l'exécutif, je croyais sincèrement que le PQ, même s'il n'était pas parfait, était le meilleur instrument d'épanouissement de la collectivité québécoise. Je n'étais pas en désaccord avec aucun des principes du PQ car si je l'avais été, je serais parti immédiatement.

Toutefois, j'aurais aimé que le parti aille plus loin dans son programme. C'était surtout une question pratique parce que dans toute l'histoire du monde il n'y a jamais eu radicalisation d'un parti au pouvoir, au contraire. Un parti au pouvoir a tendance à se droitiser très rapidement.

*A l'exécutif, vous vous êtes toujours rallié à la majorité.*

J'ai toujours cru à la solidarité de l'exécutif, aussi bien au PQ qu'au RIN.

A l'exécutif du PQ j'étais minoritaire. Je ne pouvais pas aller sur les tribunes publiques pour dénoncer la majorité. J'essayais de convaincre la majorité à l'intérieur du parti de se ranger de mon côté, ce qui était parfaitement démocratique, acceptable et viable.

Chaque fois qu'on m'a demandé ma position sur la langue dans des assemblées publiques, je disais ma position n'est pas celle du programme mais voici celle du programme et je l'expliquais pendant une heure pour convaincre les gens que c'était la bonne, tout simplement parce que c'est celle qui avait été acceptée par la majorité. J'ai toujours été très discipliné sur ce point.

---

*Bourgault n'était pas très heureux dans l'exécutif du PQ.*
Marc Lavallée

---

Je n'étais pas malheureux sauf que politiquement, je n'étais pas très heureux. Alors que je préfère être le chef ou rien du tout, je me retrouvais dans un poste intermédiaire, ce qui est le pire niveau pour moi. Je me sentais impuissant car à cause de la solidarité je ne pouvais pas faire bouger les choses autant que je l'aurais souhaité.

*Est-ce à cause d'une querelle avec Lévesque ou d'une mésentente sur les principes que vous quittez l'exécutif après deux ans?*

Pas du tout. J'ai quitté l'exécutif principalement parce qu'il fallait que je me trouve un emploi. J'étais littéralement dans la rue et je n'avais aucun revenu. Ma période de misère était loin d'être terminée.

Il y avait aussi une deuxième raison. L'exécutif du PQ était très fort et nous nous écoutions parler, moi comme les autres. Nous avions appris à travailler ensemble, nous nous trouvions beaux, bons et gentils et nous nous aimions beaucoup. Cette adoration mutuelle nous rendait impuissants et j'ai réalisé que finalement, l'exécutif était une sorte de piège. Nous avions perdu notre sens critique et j'étais un peu tanné de tout ça.

Quand j'ai quitté l'exécutif, Lévesque est venu à ma conférence de presse pour témoigner de ma fidélité envers le parti et il a reconnu ma loyauté. En acceptant ma démission, Lévesque avait souhaité que je sois candidat aux prochaines élections. J'avais refusé car il fallait absolument que je sorte de la politique pour gagner ma vie. Je n'en pouvais plus de crever de faim.

J'ai démissionné de l'exécutif mais non du parti et j'ai continué à faire des assemblées, des émissions de radio et de télévision pour parler de l'indépendance.

*Vous avez quitté le parti peu de temps après?*

Je suis demeuré membre du PQ jusqu'en 1974. Claude Morin avait réussi à faire accepter sa méthode étapiste contre laquelle je me battais. Marcel Chaput, Raymond Barbeau et moi avions fait une déclaration conjointe contre l'idée du référendum et Lévesque, commentant notre déclaration, avait eu cette phrase malheureuse, «ces hommes qui ne sont même pas membres du parti». J'étais furieux. Barbeau n'était pas membre du PQ mais Chaput et moi l'étions, sauf que ma carte était expirée depuis quelques semaines. Je me proposais de la renouveler à la prochaine occasion. Cette mesquinerie de Lévesque m'a fait très mal et j'ai décidé de ne plus renouveler ma carte de membre.

*Vous avez laissé la politique sans pour autant réussir à trouver un emploi. On dit même que vous songiez à aller travailler à Toronto?*

On a beaucoup fabulé sur ma situation. J'aurais été heureux de trouver un emploi à Toronto ou n'importe où ailleurs. Ça ne m'aurait pas dérangé le moins du monde de travailler pour des étrangers parce que j'étais dans la misère et je crevais de faim.

A un certain moment, McClelland Stewart de Toronto m'avait approché pour traduire les mémoires de Pearson. Apparemment Pearson était d'accord mais je crois qu'après sa mort, l'éditeur a eu peur de me confier ce contrat. J'ai plutôt traduit *Le défi canadien* de Pierre Berton.

J'avais très peu de travail pendant cette période. On me confiait quelques contrats de traduction de temps à autre mais cet argent suffisait à peine à payer mes dettes les plus pressantes. J'étais toujours sans le sou. Un jour, j'ai fait la moyenne annuelle de mon salaire entre 1964 et 1976 pour apprendre, noir sur blanc, que mes revenus se situaient autour de $3,800 par année.

En 1974, René Homier-Roy m'a demandé d'écrire pour la revue *Nous*. Son chef de publicité n'était pas d'accord car il craignait de perdre des annonceurs; mais Roy a tenu bon. Je lui en serai toujours reconnaissant.

*En 1974 Pierre était dans la grande misère. Il ne voulait pas d'argent, pas de pitié, seulement un travail qui lui permettrait de gagner sa vie. Je lui ai offert des traductions et la chronique média.*

René-Homier Roy

Parmi les traductions il y avait plusieurs textes achetés de revues, style *Cosmopolitan*. Un jour, j'ai dit à René Homier-Roy que je pouvais lui écrire des textes dans ce style; ça lui coûterait moins cher tout en étant bien meilleur. Il ne m'a pas pris au sérieux.

J'ai créé un personnage de femme libérée et j'ai fait un premier texte. Quand Roy l'a lu, il m'a dit que je ne pouvais pas signer Pierre Bourgault. Selon lui, il fallait absolument que ce soit signé par une femme. C'est alors que j'ai pensé au pseudonyme Chantal Bissonnette.

Les textes de Bissonnette ont créé bien du remous. On disait «enfin une femme qui parle et qui n'a pas peur des mots». Certaines personnes plus lucides croyaient qu'une femme ne pouvait pas écrire de tels textes. Les recherchistes de radio et de télévision réclamaient Chantal Bissonnette pour leur émission et Roy se sentait obligé d'inventer une histoire du genre «femme d'un médecin en Abitibi qui écrit pour vaincre son ennui» afin de préserver l'anonymat de Chantal. Pendant ce temps, au grand désespoir de René-Homier Roy, je disais à qui voulait l'entendre que Bissonnette n'était nul autre que moi. Ça m'amusait beaucoup.

*Vous vous amusiez aussi à écrire des chansons.*

Finalement j'ai très peu écrit de chansons parce que c'est une forme d'écriture dans laquelle je ne me sens pas à l'aise. Je ne crois pas avoir de talent pour ça.

J'ai écrit presque tout un long jeu pour Steve Fiset et «Entre deux joints» pour Robert Charlebois. Je n'ai jamais pu répéter l'exploit de «Entre deux joints» que j'ai écrit en moins de vingt-quatre heures.

J'avais aussi participé au concours de la chanson pour les Olympiques en 1975 car j'avais terriblement besoin d'argent. Je me suis classé parmi les dix finalistes et j'ai reçu $1 000.

*Et quand ça allait mieux dans votre vie, vous pensiez à un retour en politique. N'avez-vous pas songé à vous présenter aux élections de 1976?*

J'ai eu des velléités de revenir en politique vers 1975. J'avais même songé à me présenter de nouveau dans Mercier en prévision des élections de 1976 contre Bourassa. Je suis allé faire un tour dans le comté et on m'a un peu envoyé promener sous prétexte que j'étais trop à droite; on semblait me préférer Gérald Godin. Je n'étais pas très content et sur un coup de tête, j'ai décidé de ne pas me présenter. Ça ne me tentait pas de me battre pour revenir en politique et puisqu'on ne me voulait pas, je suis tout simplement passé à autre chose. Ma situation commençait à s'améliorer et j'appréciais ma nouvelle vie.

*Le 15 novembre 1976 le PQ a pris le pouvoir. Aviez-vous prévu le résultat des élections et comment avez-vous réagi?*

Evidemment je n'avais pas prévu cette victoire.

Le soir de l'élection je travaillais à CKAC comme commentateur avec Jean-Paul Desbiens et Pierre Desmarais. La nouvelle de la victoire du PQ est rentrée très vite et pour eux, c'était la catastrophe. Quant à moi, je n'étais pas vraiment touché par ce triomphe. Ça aurait peut-être été différent si j'avais été à Paul-Sauvé ou avec des militants qui manifestaient leur joie mais je travaillais. De plus, je n'étais pas d'accord avec l'étapisme ni avec le thème de la campagne.

Après l'émission, je suis allé chez des amis qui célébraient la victoire avec enthousiasme depuis le début de la soirée. J'étais à jeun et je ne me sentais pas à ma place. Je suis rentré dormir car je voulais être en forme pour l'émission de télévision que je ferais le lendemain avec Lévesque et Kierans. En traversant la rue Sainte-Catherine, je me suis laissé porter quelques minutes par des militants qui paradaient avant de rentrer chez moi. Je n'avais pas le goût de fêter. J'ai dormi sans aucune difficulté et c'est seulement le lendemain que j'ai réalisé que cette victoire était fantastique.

*Si vous aviez été candidat vous auriez probablement été élu. Avez-vous regretté de ne pas vous être présenté?*

Non, je ne l'ai jamais regretté. Il faut dire que ce n'est pas dans ma nature d'être envieux. Quand il arrive de bonnes choses aux autres je suis très content, presque aussi content qu'eux. Je n'ai jamais voulu être à la place de qui que ce soit.

Il y a aussi le fait que depuis 1976, j'ai une très belle qualité de vie. Si j'avais encore été dans la misère au lendemain des élections j'aurais peut-être eu tendance à regretter mais c'est vraiment à partir de ce moment que ma vie, tant privée que professionnelle, a commencé à bien aller. Je suis entré à l'université, j'ai accordé des centaines d'entrevues à la radio et à la télévision et je suis devenu en quelque sorte un franc-tireur de l'indépendance. Je suis devenu un héros sans les responsabilités du pouvoir.

*Comment êtes-vous entré à l'université?*

C'est un concours de circonstances. A l'UQAM les étudiants en communication se plaignaient de ne pas savoir parler; ils voulaient apprendre à s'exprimer en public. Les autorités reconnaissaient cette lacune mais ne trouvaient personne pour donner un cours de communication orale. Et quelqu'un a tout à coup pensé à moi. Je vivais tant bien que mal de quelques piges et j'étais très disponible. On m'a engagé comme chargé de cours un premier semestre, puis un deuxième. Mon cours avait beaucoup de succès et l'année suivante, j'ai été embauché à plein temps.

Tout de suite en arrivant à l'université, je me suis senti bien et j'ai aimé ce milieu. Comme orateur je me suis toujours considéré un peu pédagogue. Après mes études j'avais fait un peu de suppléance dans les écoles secondaires et j'avais trouvé l'expérience difficile à cause de la discipline. A l'université, c'était très différent.

Après avoir pratiqué la communication, c'est très intéressant de l'enseigner et d'y réfléchir. La communication va beaucoup plus loin que de parler en public et je crois bien que ma réflexion va se poursuivre jusqu'à ma mort.

---

*Son cours de communication orale est un véritable succès. Au début du cours les élèves béguaient et à la fin ils sont capables d'argumenter. Bourgault leur enseigne non seulement à parler mais aussi à penser et à défendre leurs idées. Il fait sa marque au module de communication et auprès des générations qu'il forme.*

Claude-Yves Charron

*Malgré le fait que vous ayez très souvent dénoncé la perma-
nence, vous avez accepté votre permanence à l'université l'an
dernier.*

Je suis encore contre la permanence parce que trop souvent,
elle est une prime à l'incompétence. La permanence à l'université est un non-sens car elle s'adresse à des individus qui,
en principe, devraient le mieux savoir se débrouiller. Je suis
contre le principe de la permanence pour les privilégiés que
nous sommes. J'aurais préféré un contrat de cinq ans.

Toutefois, j'ai accepté ma permanence parce que je n'avais
vraiment pas le choix. Ou bien je l'acceptais, ou bien je devais
partir. J'étais obligé de l'accepter pour continuer à enseigner
à l'université. Chose certaine, ce n'est pas ça qui m'empêche-
ra de quitter l'université le jour où je ne m'y sentirai plus
bien. Je veux continuer à faire un bon travail.

Malgré ma permanence, je continue à penser et à dire que
c'est ridicule d'être obligé d'accepter une permanence.

*Pensez-vous, comme plusieurs autres professeurs, que les
jeunes n'ont plus de culture?*

Je les traite d'incultes pour les provoquer. Evidemment ils
n'ont pas la même culture que nous; mais il faut éviter de les
juger à partir de notre culture qui a été la même à venir
jusqu'à y a vingt ans. Les jeunes n'ont peut-être pas en
commun les contes d'Anderson de notre enfance mais ils ont
les bandes dessinées alors que nous étions ignares dans ce
domaine. Les jeunes sont différents, ni plus ni moins cultivés
que nous l'étions. Il faut accepter leurs différences.

Plusieurs professeurs qui ont étudié dans les années soixante
sont déçus que les jeunes ne descendent plus dans la rue. Les
mouvements de contestation foirent parce que les jeunes se

sentent bien. Ils font autant de choses que nous mais de façon différente. Moins portés vers les grandes causes, ils sont très actifs dans le bénévolat. Puis les jeunes ont encore les mêmes angoisses; la survie est toujours angoissante.

*Vous croyez au cours magistral?*

Oui. Je crois à la présence du professeur. Ce qui compte n'est pas tant ce qu'on apprend que la cohérence dans ses connaissances. Et c'est le rôle du professeur d'aider l'étudiant à établir cette cohérence et à élargir ses horizons. Il faut leur donner le goût de découvrir tout en leur inculquant de la rigueur.

Les discussions après les cours sont très importantes et je vais souvent manger ou prendre une bière avec les étudiants après un cours.

---

*Bourgault est un professeur démocrate qui donne à chacun l'occasion de s'exprimer. C'est un homme chaleureux, profondément humain et très attentif aux autres.*

Louis-René Champoux

---

*On dit souvent que les jeunes ne savent plus s'exprimer, qu'ils ne savent plus écrire. Qu'en pensez-vous?*

La majorité des jeunes s'expriment mieux qu'il y a trente ans. Il suffit d'écouter parler nos professionnels à la radio ou à la télévision pour s'en convaincre. Très souvent les jeunes parlent mal parce qu'ils se laissent aller. S'ils s'en donnent la peine ils peuvent s'exprimer clairement car ils possèdent un bon vocabulaire.

Pour ce qui est de l'écriture, il ne faut pas oublier qu'il y a vingt ans, 90% de la population ne savait pas écrire du tout. Aujourd'hui il y a bien plus de gens qui écrivent, plus ou moins bien il faut le dire, mais qui savent tout de même écrire. La proportion de ceux qui écrivent très bien est sensiblement la même qu'autrefois. Ecrire est un métier qui s'apprend comme la réparation automobile. Tout le monde n'a pas à savoir écrire comme tout le monde n'a pas à savoir réparer des automobiles. La majorité des gens n'ont jamais besoin d'écrire. Ceux qui ne savent pas écrire n'ont pas moins de connaissances pour autant.

*Bourgault est un excellent professeur et l'un des plus appréciés au module de communication. Il stimule les étudiants et les encourage à se dépasser.*

Jean-Pierre Desaulniers

*La majeure partie de votre activité professionnelle s'insère maintenant dans l'enseignement.*

C'est d'ailleurs ce que j'ai fait toute ma vie. J'ai toujours expliqué des choses au monde et maintenant, plus que jamais. La plupart des contrats que j'ai acceptés dernièrement ne sont que le prolongement de mon travail à l'université. Par exemple, l'été dernier j'ai fait une série de quinze émissions sur les communications pour l'Arabie saoudite.

Quant à la série de conférences que j'ai commencée à l'automne 1982, à travers le Québec, c'est une activité qui fait beaucoup plus appel au professeur qu'au politicien. Le discours politique annonce l'avenir tandis que mes conférences ont pour but d'expliquer ce qui s'est passé au Québec entre 1960 et 1980 et d'amorcer une réflexion sur ça. C'est très différent comme approche.

Il y a quelques années à l'UQAM, on m'avait demandé de donner un cours sur le développement de la société québécoise entre 1960 et 1980 parce que les jeunes ne savent pas ce qui s'est passé ici pendant les années soixante. J'avais préparé un cours théorique, et non objectif, à partir de mon témoignage et de celui de quelques autres témoins privilégiés. Dès la première session, ce cours a connu un grand succès. Mes conférences reprennent en quatre heures les grandes lignes de mon cours de 45 heures à l'université.

Au début, j'étais un peu inquiet car je me demandais si les gens se déplaceraient pour assister à un cours d'histoire. J'ai été étonné, et bien sûr très heureux, qu'on doive ajouter des supplémentaires. Mon seul regret est que les gens soient obligés de payer pour venir m'entendre. J'ai parlé gratuitement pendant vingt ans et ça me fait drôle de savoir qu'il y a maintenant un prix d'entrée.

Le soir de la première, pendant que j'attendais en coulisse, je me demandais pourquoi j'avais accepté de revenir sur scène et honnêtement, j'avais le goût de retourner chez moi. Cependant, en donnant ces conférences, j'ai réalisé que c'est une véritable cure de désintoxication. Il faut mettre le passé derrière nous et ouvrir la voie à ce qui peut venir.

*Vous présentez aussi vos conférences en anglais.*

J'ai toujours eu un auditoire anglophone très important. Dans les années soixante, les Anglais étaient traumatisés par le séparatisme et je faisais très souvent les nouvelles au Canada anglais. Ils étaient très intéressés à entendre ce que j'avais à dire.

Lévesque et moi sommes certainement les deux indépendantistes qui ont le plus parlé aux Anglais. Nous avons parcouru le Canada et pour ma part, j'ai fait des dizaines et des dizaines d'assemblées de Halifax à Victoria pour parler de l'indépen-dance. Les invitations venaient de partout et j'ai toujours cru que les adversaires doivent se parler. Lévesque et moi sommes d'accord sur ce point.

J'ai toujours été en étroite relation avec les anglophones.

*Depuis 1976 et surtout depuis qu'il écrit dans* The Gazette, *Bourgault est devenu le «darling» des Anglais.*
Ian MacDonald

Ça surprend tout le monde que les Anglais m'aiment. Moi ça ne me surprend pas car je me tiens debout et je dis ce que je pense. Très peu d'Anglais sont d'accord avec mes idées mais ils me respectent. J'ai toujours été correct avec eux, je ne les ai jamais flattés.

Face à n'importe quel auditoire, mon discours a toujours été essentiellement le même. C'est la première raison pourquoi les gens m'aiment. C'est aussi la première raison pourquoi ils me détestent.

Collectivement, les Anglais ont vécu une histoire qui fait qu'ils sont dans une position de domination. Il faut faire la distinction entre l'individu et la collectivité. Nous ne devons pas les tenir responsables de la bataille des Plaines d'Abraham mais il faut les accuser d'inconscience quand ils refusent de reconnaître leur position de domination.

*Vous sentez-vous bien accepté des Anglais?*

Je me sens accepté du monde entier. Un Anglais qui me dit des bêtises c'est exactement comme un Québécois francophone qui me dit des bêtises. Je suis accepté et contesté par des gens de tous les milieux; ça n'a rien à voir avec l'appartenance ethnique.

*Les anglophones le respectent. Sa chronique dans* The Gazette *est très lue et très appréciée.*

Robert Bourassa

*Presque tous les anglophones le connaissent grâce à sa chronique dans* The Gazette. *C'est une voix modérée et nationaliste qui est très entendue et à laquelle on accorde beaucoup d'importance.*

Tom Sloan

De tout ce que j'ai écrit dans ma vie, c'est ma chronique dans *The Gazette* qui semble avoir le plus de retentissement. Je reçois une quantité incroyable de lettres pour cette chronique, des gens qui sont d'accord avec moi et d'autres qui ne le sont pas. Les anglophones manifestent beaucoup plus que les francophones. Quand j'habitais dans l'ouest, je ne pouvais pas mettre le nez dehors sans que quelqu'un me parle de ma chronique. On me disait «je ne suis pas d'accord avec vous mais vous écrivez bien». Les Anglais me parlent sans cesse de mon style. Ils trouvent que j'écris bien. J'écris avec un rythme français, ça fait différent pour eux. Aussi, en anglais je fais plus de rhétorique qu'en français. Quand je ne trouve pas un mot, je fais une circonlocution et ils disent «Ah quelle élégance» alors que ce n'est qu'ignorance de ma part.

*Bourgault écrit très bien en anglais. Sa chronique est la plus populaire de toutes les chroniques du samedi.*

Ian MacDonald

*Pourquoi une chronique dans un journal anglais plutôt que dans un journal français?*

Parce qu'on ne m'a jamais offert d'écrire une chronique dans un journal français. A un certain moment, Pierre Péladeau voulait que je signe un billet dans le *Journal de Montréal* mais le syndicat a refusé parce qu'on ne voulait pas de pigiste.

A la *Gazette* je suis très conscient de servir leur image de libéralisme mais ça me permet de rejoindre 300 000 personnes. Pour moi, le véhicule n'a pas d'importance en autant qu'il n'aille pas à l'encontre de mes principes.

*A quel moment avez-vous appris l'anglais?*

Je ne me souviens pas d'avoir appris l'anglais. J'ai dû l'apprendre dans la rue quand j'étais très jeune ou peut-être au cinéma. Je pouvais aller voir trois films par jour quand il y avait un congé au collège. Il me semble que j'ai toujours su m'exprimer en anglais.

*Vous avez aussi un auditoire anglophone très important à la radio.*

J'ai commencé par faire une émission par semaine au début de l'été 1982. Par la suite on m'a demandé d'en faire deux et depuis le mois de septembre, je suis à CFCF trois avant-midis par semaine avec Ian MacDonald. C'est la première fois que je fais une émission de ligne ouverte. Au début j'étais réticent parce que je crois que cette formule est dépassée quoique nous essayons de la transformer un peu pour qu'elle devienne informative. A ma grande surprise, nous avons une qualité d'auditoire que je n'ai jamais vue pour des émissions de lignes ouvertes. Nous abordons les sujets les plus chauds de l'actualité et les auditeurs répondent intelligemment.

Je suis très heureux parce que j'adore faire de la radio. C'est un médium extraordinaire qui laisse place à l'imagination et qui représente aussi un grand défi. A la radio il n'y a pas de grosses équipes comme à la télévision et il y a beaucoup plus de liberté. Quand on se casse la gueule c'est de sa faute. J'aime prendre mes responsabilités alors que je déteste assumer celles des autres. A la télévision on ne sait jamais si l'incompétence de l'un ou de l'autre ne va pas bousiller l'émission.

J'aurais aimé faire plus de radio. J'ai fait beaucoup d'entrevues et de commentaires mais quand il s'agit de me confier une émission régulière et de me payer, les patrons ont peur. Depuis cinq ou six ans, j'ai eu au moins vingt projets de radio qui sont tombés à l'eau. Pourtant j'amène des auditeurs! Hélas ils ont peur, non pas de mes opinions mais de ma liberté.

---

*C'est un plaisir de travailler avec Bourgault car il est très professionnel. Il ne prend pas trop de place et laisse parler les autres. C'est un généraliste bien informé et j'admire la rigueur de son raisonnement. Il est apprécié des auditeurs.*

Ian MacDonald

---

*L'usage de votre liberté ne vous a-t-il pas valu d'être congédié de CKVL après une discussion enlevée avec Jean Chrétien?*

Notre congédiement est venu tout de suite après la querelle avec Chrétien mais c'est une coïncidence. Chrétien est honnête intellectuellement et sans aucune méchanceté. Il est très servile mais avec une grande pureté d'âme.

C'est plutôt une accumulation de détails qui explique la mort de l'émission. Les patrons n'aimaient pas ce que nous faisions et puis les «ratings» étaient sur le point d'être dévoilés. Nous aurions eu une énorme part du gâteau et après, il aurait été plus difficile de nous congédier. Les patrons n'ont jamais voulu nous donner la raison de notre congédiement.

---

*L'émission avec Chrétien leur a peut-être permis de se rendre compte que nous étions dangereux mais ce n'est pas la raison de notre congédiement.*

*Pendant la discussion avec Chrétien je prenais la décision de laisser continuer le débat aux trente secondes. Je ne l'ai pas interrompu car il n'y a eu aucune mesquinerie et la discussion n'a jamais franchi le cap du vraisemblable.*

René-Homier Roy

---

L'émission à CKVL n'a duré que cinq mois (1980-81) mais ce fut une expérience passionnante. René-Homier Roy et moi avions réussi à développer une bonne complicité et nous étions en train de mettre au point une formule d'émission pour le matin, une façon de communiquer beaucoup d'informations tout en gardant le sourire.

J'ai été déçu de me faire congédier mais je me suis dit «je dois être encore libre puisque je me fais mettre à la porte». Il y a une certaine fierté à se faire congédier.

*En 1979 vous étiez heureux à l'université et vous avez tout de même songé à un retour en politique.*

J'avais perdu l'envie de faire de la politique mais je me posais encore des questions. Je ne savais plus si ça me tentait ou non de revenir en politique quand Bernard Landry m'a téléphoné pour me demander de me présenter dans le comté de Prévost, contre Solange Chaput-Rolland, aux élections partielles. Ça m'embêtait beaucoup de laisser mes cours à l'université car je ne trouvais pas ça correct envers mes étudiants. Je n'avais pas le goût de recommencer ma vie de militant avec toutes ses misères. Par contre, je pensais que c'était peut-être lâche de ma part de ne pas y aller.

Je pesais le pour et le contre quand j'ai reçu un appel chez moi. Une voix d'homme m'a dit «j'ai 55 ans, je suis un ouvrier et j'ai huit enfants. M. Bourgault on a besoin de vous». Et il a raccroché. Quelques jours plus tard une femme d'un certain âge m'a téléphoné pour me convaincre elle aussi de me présenter. Je lui ai fait remarquer qu'elle me dérangeait et elle m'a répondu «vous aussi, vous nous avez beaucoup dérangé». Après ça je me suis senti obligé de me présenter.

*A la condition d'obtenir l'assurance de Lévesque que vous seriez nommé ministre.*

C'est sorti dans les journaux que je voulais être ministre et j'avais l'air ridicule. Je n'avais jamais eu d'exigence en politique, c'était la première fois. Si j'ai demandé à être ministre c'est que, connaissant Lévesque, je savais bien qu'il me laisserait languir comme député jusqu'à la fin de mes jours; il n'aurait jamais accepté de me confier un ministère.

Plusieurs ministres m'avaient téléphoné pour me convaincre et, à chacun je disais «il faudrait que j'aie l'assurance d'être nommé ministre». Chacun me répondait «évidemment, cela va de soi». Mais Lévesque ne voulait rien savoir et il a fait des déclarations disant que c'est une chose qui ne se promettait pas.

J'ai décidé de ne pas me présenter et ma décision fut

confirmée par un sondage réalisé dans Prévost qui prévoyait ma défaite.

*Vous avez quand même rencontré Lévesque pour en discuter.*

Quelques jours plus tard Lévesque a manifesté le désir de me rencontrer. Son chef de cabinet, Michel Carpentier, m'a téléphoné à 6h30 du matin pour arranger une rencontre et j'ai refusé car je ne voulais plus rien savoir. Une heure plus tard, Pierre Renaud m'a téléphoné en me disant qu'il fallait absolument que je rencontre Lévesque avant de prendre une décision finale. J'ai accepté car je ne peux rien refuser à Renaud. Marcel Léger m'a envoyé chercher en limousine et je me suis rendu chez Lévesque.

Nous avons discuté pendant deux heures et il a refusé de me promettre un ministère. Cependant, il comprenait que je n'avais aucune raison d'aller me faire massacrer dans Prévost. Il m'a demandé un délai de cinq jours pour faire un autre sondage. Les résultats étaient très clairs : une victoire pour les libéraux.

J'ai finalement annoncé que je ne me présentais pas sans faire allusion aux résultats du sondage afin de ne pas décourager les militants.

*Vous avez remplacé la campagne électorale par votre campagne référendaire.*

J'ai commencé ma campagne référendaire en septembre 1979 et j'ai fait plus de 150 assemblées à travers le Québec pour parler strictement d'indépendance. A la fin de la campagne, je souffrais le martyr pour parler, je n'avais plus de voix.

J'ai connu un succès personnel énorme, j'ai eu des ovations

comme dans les années soixante. Hélas j'étais le seul à parler d'indépendance et ce n'est pas avec des succès personnels qu'on fait l'indépendance. Le discours indépendantiste doit être collectif.

---

*Bourgault est capable d'abnégation. Quand est venu le temps du référendum, il n'a pas hésité à reprendre le collier.*
                                                            Guy Fiset

---

*Vous n'avez jamais été d'accord avec le principe du référendum et vous entreteniez des doutes sur l'issue.*

J'avais plus ou moins confiance mais j'espérais. J'espérais avoir tort, j'espérais malgré tout. Ça ne m'aurait rien fait d'avoir tort si nous avions gagné. Je m'accrochais à l'espoir que les gens se réveilleraient. C'est ça qui m'a tenu si longtemps.

J'ai cessé de croire que l'indépendance se réaliserait de mon vivant, environ un an avant le référendum. De plus en plus je voyais que la stratégie du PQ ne mènerait nulle part. J'ai fait campagne sans trop y croire mais avec beaucoup d'espoir.

Je ne voulais pas prendre de chances. Si la majorité des Québécois avaient voté oui, je me serais senti coupable de ne pas avoir fait la campagne. Puis je ne voulais pas qu'on me tienne responsable d'une défaite. Alors j'ai travaillé autant que j'ai pu. Je me suis imposé de faire la campagne parce que je croyais sincèrement que c'était mon devoir de la faire.

*Vous n'étiez pas d'accord avec la question.*

Quand la question est sortie un peu avant les Fêtes, j'ai été profondément déçu. Je ne pouvais pas être d'accord avec la question car je considérais qu'elle ne menait nulle part.

J'ai quand même poursuivi ma campagne référendaire car si Lévesque avait eu raison je ne me serais jamais pardonné d'avoir abandonné. J'ai pensé aussi que si Lévesque avait tort, les gens auraient au moins la chance d'entendre parler d'indépendance.

*Vous vous êtes beaucoup occupé des jeunes pendant la période pré-référendaire.*

J'ai presque assisté à la naissance du Méoui et j'étais l'invité privilégié dans leurs camps d'études. C'est la première fois que les jeunes bougeaient et j'ai trouvé ça très encourageant. Mais ce n'était pas à l'intérieur du PQ et Lévesque les a dénoncés.

J'aurais aimé continuer à motiver les jeunes; ils sont très critiques et ça me plaît beaucoup. Sauf que maintenant, je ne sais plus quoi leur dire.

*Vous n'avez pas été surpris du résultat du référendum.*

Déçu mais non surpris.

Je n'ai pas été surpris parce que j'ai toujours su que l'étapisme était un cul-de-sac. J'ai été très déçu parce qu'après vingt ans de travail acharné, ça fait mal de conclure que tout est raté.

Le soir du référendum je n'ai pas pleuré. J'étais quand même heureux d'apprendre qu'il y avait 40% de Québécois indépendantistes, plus qu'il n'y en avait jamais eu.

Au référendum les gens n'étaient pas prêts à relever la tête. Surtout qu'on ne leur avait pas parlé d'indépendance depuis six ans. On leur disait de voter oui et que rien ne changerait. Ironie et aberration, les fédéraux disaient votez non et tout va changer. Je n'en reviens pas encore de toute cette bêtise. On ne peut douter que l'indépendance changerait nos vies.

*Est-ce que vous pouvez quand même expliquer la défaite du oui?*

On sort de 200 ans de colonialisme et les gens ont encore très peur. Ils ont besoin d'exemples de courage alors que l'attitude du PQ entretient cette peur en disant qu'il n'y a pas de danger. Il faudrait faire assez peur pour obliger les gens à assumer leur peur au lieu de simplement se laisser aller dans la peur naturelle du colonisé.

Par ailleurs, la transition entre deux sortes de nationalisme n'est pas encore complétée. Jusqu'en 1960, il y avait un nationalisme canadien. Les grandes batailles du début du siècle ont été faites pour l'indépendance du Canada. Le thème du nationalisme canadien a été pendant longtemps «ce pays nous appartient». Et les Canadiens français ont toujours été plus canadiens que les Anglais.

Ceux qui se sont battus pendant 50 ans pour l'indépendance du Canada ou pour un Canada bilingue ne veulent pas passer, ou ne sont pas capables de passer, à un autre nationalisme. Ce serait admettre l'échec de leur combat et accepter de recommencer la même bataille dans des frontières plus réduites. C'est logiquement absurde mais parfaitement compréhensible sur le plan de la sensibilité.

*Depuis le référendum il est désabusé. C'est la certitude*

*éclatée, l'usure. Il réussit à tenir le coup en se repliant sur lui-même.*

Claude-Yves Charron

---

*Après le référendum votre maladie n'était-elle pas psychoso-matique?*

Ma maladie était peut-être psychosomatique en partie mais ce n'était pas seulement ça. Je souffrais d'un virus généralisé et j'ai été malade pendant près de deux mois. Je n'aime pas être malade et je le suis rarement.

Après le référendum j'étais épuisé et je n'arrivais pas à me remettre de ma fatigue. Le résultat du référendum n'y est pour rien. Ça ne me fait pas grand chose de perdre ou de gagner; j'ai plus de plaisir dans la bataille.

C'est facile de dire que tout est psychosomatique. Je veux bien croire qu'on se sert de la maladie pour se défendre mais il ne faut pas exagérer. La mort n'est pas psychosomatique.

*Aussitôt remis de votre maladie, vous n'avez pas hésité à réclamer la démission de Lévesque.*

Au contraire, j'ai beaucoup hésité. C'est difficile de réclamer la tête d'un homme en qui on a mis beaucoup d'espoir. Ça m'a pris dix ans avant de pouvoir dire «Lévesque ou l'indépendance».

Après le référendum mes relations avec Lévesque se sont détériorées et c'est finalement au mois d'août 1980 que j'ai réclamé son départ. J'ai commencé à voir la réalité que je n'osais pas regarder en face jusque-là. Pendant longtemps j'ai ménagé Lévesque. Je critiquais les autres, dont Claude Morin pour l'étapisme. Ça m'a pris du temps avant de réaliser que Morin ne faisait que concrétiser l'idée de Lévesque et que c'était nul autre que le chef qui était à blâmer. Pour la première fois, je m'avouais à moi-même que Lévesque était le véritable responsable.

Je trouvais suicidaire qu'on abandonne l'idée de l'indépendance au moment où elle n'avait jamais été aussi forte. J'ai souhaité que le PQ perde les élections de 1981 afin que nous ayons une chance de relancer l'idée de l'indépendance. Dès août 1980, j'ai annoncé que je m'abstiendrais de voter et c'est ce que j'ai fait.

---

*Bourgault a toujours dit que l'indépendance était une rupture avec le passé et non une suite. Il n'a jamais cru à l'indépendance en douceur.*

Marc Lavallée

*Pierre a eu l'honnêteté de ne pas faire accroire au monde que l'indépendance se ferait sans qu'on s'en rende compte. Il disait ouvertement que ça impliquait des changements réels et des sacrifices.*

Andrée Ferretti

---

*Vous avez souvent accusé Lévesque d'avoir peur.*

Oui. Quand on est le chef ça ne donne rien de faire des discours sur la peur et de dire «n'ayons pas peur». Il faut plutôt poser des gestes courageux pour prouver aux autres qu'on n'a pas peur.

Moi aussi j'ai eu peur. Cependant j'ai posé des gestes courageux. Se décoloniser, c'est vaincre sa peur jour après jour. Et sur la question nationale, Lévesque n'a jamais vaincu sa peur. Il a toujours eu peur de l'indépendance. Je ne dis pas qu'il n'est pas indépendantiste mais dans les faits, il poursuit la Révolution tranquille.

Quand Lévesque dit que l'indépendance est une fleur qui pousse à son rythme et qu'il ne faut pas tirer dessus, ce n'est pas vrai. L'indépendance n'arrive pas par la grâce. Je me suis toujours opposé à la tendance des dirigeants du PQ à rassurer.

*En 1962 vous écriviez que toute action sur le plan fédéral serait une perte de temps considérable dont l'indépendance ferait les frais. Que pensez-vous aujourd'hui de la participation du PQ aux prochaines élections fédérales?*

Je n'ai pas changé d'idée. Chaque fois que ce sujet revient dans l'actualité, j'y réfléchis et j'en arrive toujours à la même conclusion.

Même si le Parti Québécois gagnait 74 sièges au fédéral, qu'est-ce que ça donnerait? Ce serait du temps et des efforts perdus. Certains pensent que tout est raté à Québec et ils sentent le besoin d'une sorte de diversion, de fuite en avant.

Qu'il y ait deux ou 74 péquistes élus au fédéral, ça n'a aucune signification. Il n'y a rien à faire à Ottawa puisque nous ne pourrons jamais avoir la majorité.

Des députés péquistes à Ottawa pourraient seulement chialer, enrayer un peu la machine et démissionner. Ce n'est pas de cette façon que nous ferons l'indépendance.

*Lui seul pouvait faire la critique du PQ. Personne ne peut*

*tenir comme lui le rôle de conscience politique.*
André Guérin

*Bourgault est là pour choquer et pour faire réfléchir. Il a le rôle d'un chien de garde.*
Marc Lavallée

Je ne trouve pas ça drôle d'être tout seul à formuler les mêmes critiques depuis des années. Dans les premiers temps, quand j'ai commencé à critiquer le gouvernement, j'avais la satisfaction de dire ce que je pensais. Cependant, au cours des deux ou trois dernières années, j'ai trouvé ça très pénible. J'avais l'air de celui qui trouve toujours à redire, de celui qui n'est jamais content.

Je l'ai fait par devoir en sachant que si je ne le disais pas, personne ne le dirait. Chaque déclaration que j'ai faite m'a déchiré. C'est amusant d'attaquer des adversaires mais c'est terrible d'être obligé d'attaquer des alliés. Ça m'a fait mal de critiquer un mouvement auquel j'ai participé.

Le plus tragique, c'est que l'histoire me donne raison. J'espère encore me tromper.

*Quand vous critiquez le PQ, n'avez-vous pas l'impression de faire le jeu des adversaires de l'indépendance?*

On fait toujours le jeu des adversaires quand on critique ses alliés. Chaque fois que j'ai critiqué mes alliés, mes adversaires n'ont pas manqué de s'en servir et mes alliés de me le reprocher. Mais ce n'est pas une raison suffisante pour me taire.

Plusieurs m'ont dit «tu as raison mais il ne faudrait pas le dire car les autres vont s'en servir». Je n'ai jamais accepté cet argument. C'est le prétexte classique pour faire taire ceux qui pourraient avoir raison.

*Après les élections d'avril 1981, vous avez qualifié la victoire du PQ de tragique. Qu'en pensez-vous maintenant?*

Exactement la même chose. Ce fut la victoire d'un bon gouvernement provincial car le PQ est devenu autre chose qu'un parti indépendantiste. La défaite du PQ aurait été la seule chance de reprendre l'action.

Si le PQ avait perdu, nous aurions eu une chance de nous débarrasser de Lévesque car pour l'instant il prend toute la place et manipule le parti à sa guise. Pire encore, les militants se laissent faire. La défaite aurait placé le chef dans une position de faiblesse et il aurait été plus facile à battre. La victoire l'a gardé intouchable.

La défaite aurait voulu dire trois choses. Premièrement, la chance de se débarrasser de Lévesque. Deuxièmement Ryan aurait été obligé de faire face à la crise économique et à la crise constitutionnelle. Troisièmement, nous aurions pu relancer l'idée de l'indépendance. En étant au pouvoir le PQ renvoie l'indépendance aux calendes grecques sous prétexte qu'il y a d'autres priorités.

Vraiment la victoire du PQ fut tragique.

*Si tragique que vous refusez maintenant de parler de l'indé-pendance?*

Je n'ai plus rien à dire. Je n'ai pas parlé d'indépendance depuis mon article «*La vraie question*» dans *Le Devoir* en décembre 1981. Ce fut effrayant d'écrire ce texte. Il est sorti d'un même souffle et ça m'a fait très mal. Tout de suite après j'ai été malade pendant deux mois et on peut dire que cette maladie était psychosomatique.

Ça marquait la fin d'une période. Je rompais avec vingt ans de ma vie et sur un constat d'échec en plus. Si je n'avais pas traîné mon dépit amoureux pendant si longtemps, je serais sans doute sorti moins violemment. Mais ça arrivait au moment où je constatais que l'indépendance ne pouvait plus se faire dans un avenir prévisible.

C'est plus violent qu'une rupture politique normale. D'ailleurs ceux qui rompent avec le PQ maintenant ont une grande peine d'amour : c'est la fin des illusions. Quand on a cru à quelque chose pendant des années, ça fait mal de réaliser qu'on s'est trompé.

*La vraie question* est un texte violent mais aussi très sincère. Je ne le regrette pas du tout.

Si on continue à parler d'indépendance on va radoter. C'était le sens de «moi, je n'ai plus rien à dire» à la fin de mon article. Il ne faut plus convaincre personne de s'embarquer dans cette cause. Il faut bien comprendre que c'est mon opinion à ce moment-ci de ma vie.

---

*Bourgault a écrit* La vraie question *très honnêtement. Il fallait qu'il lance un cri. Depuis ce temps-là il n'a plus le goût de parler de politique. Cependant, j'ai peine à croire qu'il ne dira plus rien.*

André Guérin

---

*L'éditorial de Michel Roy commentant «La vraie question» ne vous a pas laissé insensible.*

J'ai tout d'abord été très flatté. Il en mettait tellement en me rapprochant de Chateaubriand, Musset, Péguy, Aragon, etc. que j'ai d'abord pensé qu'il avait perdu la tête. Mais finalement c'est un article qui m'agace beaucoup parce qu'il part de l'idée que je ne suis pas un homme politique. Il me renvoie au théâtre pour éviter de discuter mes idées.

Et je me demande encore qu'est-ce qu'il voulait signifier exactement lorsqu'il a écrit «c'est un être exceptionnel et si peu québécois». S'il veut dire que je suis sorti de la misère québécoise, je comprends un peu. Le succès de Lévesque est dû à sa ressemblance parfaite avec les Québécois, mais on ne peut pas faire l'indépendance avec ça; il faut dépasser ça.

Je suis très Québécois et bien ancré dans la réalité québécoise. Tout de même, je me considère moins colonisé que bien d'autres.

---

*L'animosité entre Lévesque et Bourgault est très personnelle. Ils représentent mutuellement l'un pour l'autre, le genre d'individu qu'ils ne peuvent pas accepter.*
André D'Allemagne

*Bourgault n'a jamais été dans les bonnes grâces de Lévesque. C'est une haine viscérale. L'attitude de Lévesque s'explique peut-être par le fait qu'il n'est pas le père de l'indépendance. C'est à Bourgault que revient le mérite d'avoir été le premier à articuler l'idée de l'indépendance.*
Robert Bourassa

*Personne n'a été aussi dur que Bourgault envers Lévesque.*
Gérard Pelletier

---

*Votre attitude envers Lévesque n'est pas très claire. Parfois vous l'injuriez et parfois vous lui reconnaissez de grandes qualités.*

Lévesque est un homme intelligent, extrêmement fort, pour qui j'ai encore une grande admiration. J'ai fait l'erreur de croire qu'il pensait la même chose que moi. J'ai fait l'erreur de me laisser embarquer dans une stratégie qui ne menait nulle part.

Je comprends les gens de suivre Lévesque. C'est ce que j'ai fait moi aussi. Je l'ai suivi parce que je l'aimais et que je l'admirais. J'ai cependant du mal à comprendre pourquoi on est si peu critique.

C'est flatteur pour moi quand on parle de la querelle Lévesque-Bourgault. Il est premier ministre et je ne suis rien.

J'ai été dur envers Lévesque. J'ai dit beaucoup de choses contre lui dans des moments de colère. Par contre, quand j'étais à l'exécutif du PQ je l'ai trouvé extraordinaire. Lévesque est génial et très humain.

Aujourd'hui je crois encore que c'est un homme extraordinaire mais qu'il se trompe. Voilà ce que je pense de Lévesque.

---

*Bourgault ne fera pas de politique tant que Lévesque sera là. Il pourrait revenir quand le PQ perdra les élections en 1985. L'étape des compromis aura été un échec absolu pour le PQ et il faudra repartir à zéro. Il y aura une faction pro-fédéraliste et une autre franchement indépendantiste. Bourgault pourrait être le chef des vrais indépendantistes. Il sera le seul à pouvoir occuper ce poste car tous les hommes influents du PQ auront été brûlés par huit ans de pouvoir. Quelle douce revanche ce serait pour lui qu'on aille le chercher.*

*Bourgault n'a jamais trahi ses idées et il a gagné beaucoup de respectabilité. Il a été fidèle malgré l'ingratitude. Il est franc et sans compromis sur ses principes. Même s'il n'était pas d'accord avec la question, il a fait la campagne référendaire. Les militants vont se souvenir de sa loyauté. Les gens recherchent maintenant des valeurs sûres en politique.*

Robert Bourassa

Bourassa n'a pas tort mais il ne nuance pas suffisamment. Je ne dis pas que je ne reviendrai jamais à la politique car il ne faut pas dire «fontaine, je ne boirai pas de ton eau». Cependant, j'en doute fort. Je suis bien et heureux comme je ne l'ai jamais été. J'adore enseigner, écrire et faire de la radio.

En fait, il y a uniquement deux raisons pour lesquelles j'accepterais de revenir en politique.

La première : si je vivais une crise aiguë dans ma vie privée, si j'étais malheureux au point de penser que je n'ai plus rien à perdre.

La deuxième : si on venait me chercher alors que le Québec est dans un état de crise. Cependant, il faudrait me convaincre qu'il n'y a personne d'autre pour prendre la tête des troupes. Ce serait très difficile car je ne crois pas qu'une personne puisse être irremplaçable.

*Bourgault rêve qu'on vienne le chercher dans un moment de crise. Il serait très heureux de servir encore le Québec.*

Guy Boucher

*Vous seriez le premier à vous surprendre d'un retour à la politique.*

Exactement. Je me sens tellement loin de tout ça. J'ai du mal à imaginer jusqu'à quel point j'ai aimé la politique et jusqu'à quel point je m'y suis donné. Je suis le premier à défendre les hommes politiques quand on les critique ou les déteste pour les mauvaises raisons. C'est une vie épouvantable.

Je ne veux plus faire de politique mais personne ne me croit.

Pourtant je suis autre chose qu'une bête politique. J'ai autre chose à dire, à faire et à vivre.

*Comme quoi, par exemple?*

Je veux traduire *Hamlet* de Shakespeare; c'est un défi impossible. Peut-être que je réussirai en y mettant deux ou trois ans de travail. J'adore les défis et je veux essayer.

J'ai cherché longtemps la traduction exacte de «to be or not to be» et je l'ai finalement trouvée il y a quelques mois en marchant pour me rendre à l'université. C'est «vivre ou ne pas vivre». Ça respecte le rythme et la phonétique.

*Quel sens donnez-vous à vivre?*

Je ne cherche pas de sens à la vie car elle porte en elle son propre sens. Vivre c'est d'abord faire le choix de rester en vie. Une fois cette décision prise, il faut en tirer le plus de plaisir possible en oubliant la mort.

La mort est une chose à laquelle je pense très peu. Si j'ai une chance sur un million de gagner, je me bats. Sinon, je ne me bats pas.

*Bourgault a perdu son agressivité, il prend ses distances envers la politique et il devient plus philosophe. C'est terrible ce qu'il est modéré ces jours-ci!*

Tom Sloan

*Bourgault est devenu très respectable. Je me demande s'il aime ça?*

Ian MacDonald

J'ai toujours été aimé et respecté sauf qu'aujourd'hui les gens ont moins honte de le dire. La situation a changé et la population a beaucoup évolué.

Les gens me trouvent plus respectable parce qu'ils m'ont donné raison.

Ils m'acceptent mieux parce qu'ils se sont acceptés eux-mêmes.

Ils me vilipendent moins parce que je ne suis plus dans le feu de l'action.

Moi, je n'ai pas changé. La société s'est beaucoup plus rapprochée de moi que moi, d'elle.

Je suis toujours aussi contestataire.

Je suis encore un marginal et je tiens à le demeurer. J'ai trouvé le confort et la sérénité sans pour autant rentrer dans le rang.

On ne m'aura jamais.

# SOMMAIRE

Achevé d'imprimer au mois de janvier 1983
par l'imprimerie commerciale Le Courrier de Saint-Hyacinthe